Heinrich Pratje

Der Accusativ im Heliand

Syntakisch Dargestellt

Heinrich Pratje

Der Accusativ im Heliand
Syntakisch Dargestellt

ISBN/EAN: 9783744602495

Hergestellt in Europa, USA, Kanada, Australien, Japan

Cover: Foto ©Paul-Georg Meister /pixelio.de

Weitere Bücher finden Sie auf **www.hansebooks.com**

DER ACCUSATIV

IM

Heliand

SYNTAKTISCH DARGESTELLT

VON

Dr. H. PRATJE.

GÖTTINGEN.
1882.
Deuerlich'sche Buchhandlung.

Vorbemerkungen.*)

§ 1. Von den deutschen dialekten hat keiner eine stattlichere reihe von gebrauchstypen bewahrt als der, in welchem der Heliand uns vorliegt. von gebrauchstypen aber müssen wir sprechen, weil auch in die sprache des Heliand, wie dies Delbrück syntakt. forsch. IV. 29 von der griechischen behauptet, kein einheitlich empfundener accusativgebrauch, sondern nur eine anzahl einzelner gebrauchstypen überliefert ist. anscheinend stehn diese ohne ein inneres, sie alle umschlingendes band ganz unvermittelt neben einander, doch berechtigt uns dies keineswegs, die bemühung, diese so verschiedenartigen gebrauchsweisen aus einer einzigen grundbedeutung herzuleiten, als von vorne herein aussichtslos aufzugeben.

§ 2. Welches ist nun diese **grundbedeutung**? diejenige, welche G. Curtius gr. schulgr. §395 aufstellt, nach welcher der accusativ der kasus des direkten oder näheren objekts ist, der im allgemeinen den gegenstand bezeichnet, auf welchen eine thätigkeit sich erstreckt, kann es nicht sein, weil Curtius so die aufgabe, die äusserst verschiedene verwendung des accus. einheitlich zu erklären, noch nicht löst, wie man bald gewahr wird, wenn man darauf achtet, wie unverbunden sein „freierer" accus., d. h. der accus. der beziehung, der der ausdehnung in raum und zeit sowie der des zieles dem sonstigen gebrauch dieses kasus gegenüber steht. Curtius selbst bemerkt in seinen „erläuterungen" p. 168 gerade beim accus.: „die kasus erweitern offenbar mit der zeit ihren gebrauch über den bereich der ursprünglich vorhandenen analogien hinaus, darum unterscheide ich bei jedem kasus einen loseren

---
*) Diese vorbemerkungen sind eine ergänzende überarbeitung dessen, was verf. in einem beitrage zu der festgabe für Wilhelm Crecelius, Elberfeld 1881, p. 112—117 schon ausgeführt hat.

oder freieren gebrauch." Curtius hält also jenen „freieren" gebrauch des accus. für nicht ursprünglich, dies aber, wie Delbrücks ausführungen (a. o. p. 32 u. 33) beweisen, für alle die drei angeführten arten dieses freieren gebrauchs mehr oder minder mit unrecht.

§ 3. Von neueren germanisten, welche sich mit der kasussyntax befasst haben, nenne ich Erdmann. in seinen untersuchungen über die syntax der sprache Otfrids II. 75 schreibt er: „den im accus. ausgedrückten gegenstand, an oder in welchem sich die thätigkeit eines verbums bewährt, nennt man im engeren sinne objekt." und bald darauf fährt er fort: „wie verschiedenartig auch die ergänzungen sind, welche der accus. zur handlung des satzes hinzufügt, so lässt sich eine unterscheidung in der auffassung des objektes doch, wie mir scheint, durch alle accusative hindurchführen. entweder nämlich erscheint das objekt dem sprechenden als in der handlung selbst liegendes, erst durch sie zur erscheinung kommendes (inneres objekt) oder als ein ausser und neben der verbalthätigkeit selbständig vorhandenes, das nur von derselben betroffen und irgendwie afficiert wird (äusseres objekt)" bei dieser zweiteilung ergiebt sich für Erdmann die notwendigkeit, die lokalen und temporalen accusative bei einer der beiden hauptgruppen einzustellen und zwar bei der zuerst erwähnten, so dass jetzt in stellen wie „datun imo itwizzi" IV. 30 21 und „sih inthabeta er zwene daga thar" III. 23 26 zwei die handlung nach ganz verschiedenen seiten hin ergänzende accusative doch in gleicher weise als inneres objekt gelten sollen. hiernach glaube ich, dass auch bei Erdmanns zweiteilung der accusativgebrauch schwerlich ohne zwang einheitlich erklärt werden kann.

§ 4. Nach Hübschmann „zur kasuslehre" 133 bezeichnet der accus. dagegen „eine ergänzung oder nähere bestimmung nur des verbalbegriffs", er giebt „das wort in seiner allgemein abhängigen obliquen stellung im satze, durch die es ganz allgemein als zum prädikat gehörig bezeichnet wird", während die art dieser beziehung unausgedrückt und einer logischen betrachtung des zusammenhanges zur ausdeutung überlassen bleibt. dieser auffassung schliese ich mich mit Delbrück a. o. rückhaltslos an, da sie, wie im folgenden kurz begründet werden soll, eben so sehr eine natürliche erklärung der einzelnen gebrauchsarten an sich, wie deren zwanglose ableitung von einer einheitlichen grundbedeutung gestattet. nur der ausdruck „ergänzung oder nähere bestimmung n u r des v e r b a l be g r i f f s" scheint einer berichtigung zu bedürfen, weil, wie Hübschmann selbst p. 194 behauptet, es vorkommt, dass ein verbalbegriff sich nicht in seiner allgemeinheit, sondern erst in der durch einen substantivoder adjektivbegriff modificierten bedeutung auf ein objekt bezieht. sagen wir darum allgemeiner „des prädikatsinhaltes."

§ 5. Der accusativ soll also eine ergänzung des prädikatsinhaltes sein. die art dieser ergänzung wird, wie schon gesagt, durch den accusativ nicht ausgedrückt, kann im übrigen aber auch keine willkürliche sein, sondern richtet sich ausser nach den forderungen des jedesmaligen zusammenhanges auch nach der bedeutung und dem wesen des prädikatsinhaltes selbst und findet nach den drei beziehungen der o b j e k t i v i t ä t, der q u a l i t ä t und der q u a n t i t ä t statt. beginnen wir mit der letzten.

§ 6. Der **quantitativ** bestimmende accusativ begrenzt den prädikatsinhalt seinem umfange nach und fügt ihm entweder eine lokale oder eine temporale oder eine sonst irgendwie den geltungsbereich determinierende ergänzung zu. im ersten falle steht er bei verben der bewegung und bezeichnet hier entweder den r a u m, über den hin sich eine handlung erstreckt oder das lokale z i e l derselben. und gerade hier ist die sprache des Heliand besonders altertümlich, da sonst im deutschen, so viel mir bekannt, überall diese unmittelbare und logisch unbestimmte art der verbindung von accusativ und verb der bestimmteren durch präpositionen gewichen ist — im zweiten falle haben wir den accusativ der z e i t. andere als temporale massbestimmungen kommen dagegen, wie gleich hier bemerkt werden mag, im Heliand nicht vor. dasselbe gilt, so weit verba in betracht kommen, von dem accussative der beziehung, der letzten unterart des den prädikatsinhalt quantitativ bestimmenden accus., welchen ich, um von hergebrachten bezeichnungen nicht ohne not abzuweichen, nicht den „determinierenden" nennen möchte. alle diese ergänzungen bestimmen einen prädikatsinhalt nur äusserlich seinem umfange nach, nicht aber innerlich seinem wesen nach, darum muss hier der accusativ durchaus als freiwillig bezeichnet werden.

§ 7. Der accus. kann zweitens zu dem prädikatsinhalt an sich, nicht seinem geltungsbereich eine ergänzung geben, dann ist er **qualitativ** bestimmend. dieser accus. deckt sich mit dem sogenannten acc. des inneren objektes, aber nicht nur in den verhältnismässig wenigen fällen, welche man als figura etymologica zu bezeichnen pflegt, wo der accus. von gleichem oder verwandtem stamme mit dem verb ist, und welche Hübschmann allein hierher rechnet, sondern auch noch in vielen anderen, wo die accusative entweder als inhaltsaccusative erscheinen oder das die handlung überdauernde resultat angeben. diese accusative sind entweder substantive, welche, wie R. Kühner l. gr. II. 209 sich ausdrückt, ein attribut des im verb liegenden substantivbegriffs bezeichnen, oder neutra von adjektivis und pronominibus, welche die stelle jenes substantivischen accusativs vertreten, fälle, welche zum teil schon zum adverbialen accus. hinüberleiten. erwägen wir nun die stellung, welche auch hier überall die accusative zu den prädikatsinhalten einnehmen, so müssen wir zugeben, dass letztere auch ohne die ersteren verständlich sind und durch die beigefügten accusative nur noch deutlicher werden. demnach dürfen auch alle accusative dieser art als freiwillige gelten.

§ 8. Ganz anders liegt das verhältnis bei der dritten ergänzungsart, der eines prädikatsinhalts nach seiten der **objektivität**. hier kann man nicht mehr sagen, der accusativ füge zu dem prädikatsinhalt nur eine freiwillige bestimmung, sie ist vielmehr notwendig, da ohne ein schon vor und ausserhalb der durch den prädikatsinhalt bezeichneten thätigkeit vorhandenes objekt, welches unter dieser thätigkeit leidet, diese selbst gar nicht denkbar ist. was soll ich mir z. b. unter einem prädikatsinhalt „köpfen" vorstellen, wenn ich nicht gleich ein leidendes objekt mitdenke? dagegen kann ich ein „fahren" vorstellen, ohne mir zugleich die fahrt, welche, oder den raum, über welchen, oder das ziel, nach welchem hin ein subjekt fährt, mit vergegenwärtigen zu müssen.

Übrigens mag schon hier bemerkt sein, dass die grenze, wo sich der notwendige accus. von dem freiwilligen, das äussere objekt von dem inneren scheidet, nicht in jedem einzelnen falle fest bestimmbar ist, wir vielmehr oft genug einem hartaneinandergrenzen von freiwilligem und notwendigem accus., ja der völligen grenzverwischung zwischen beiden begegnen. es sind nämlich augenscheinlich nicht wenige verba ursprünglich nur mit einem freiwilligen accus. verbunden gewesen, dessen zutritt dann so zur gewohnheit geworden ist, dass er uns jetzt als notwendig erscheint. so glaube ich denn, dass, wie ich selbst vielen fällen lange ratlos gegenübergestanden habe, ehe ich mich für die eine oder die andere auffassung entscheiden mochte, in einer ganzen reihe von stellen dieselbe frage von anderen anders beantwortet werden wird.

§ 9. Wir sind zu einer schon von Hübschmann angewendeten scheidung von notwendigem und freiwilligem accusativ gelangt. dieser sagt nämlich a. o. 134, der accus. trete entweder zum transitivum, das seiner bedürfe, um sich zu ergänzen, oder zum intransitivum, das ihn entbehren könnte. da diese zweiteilung sich auch uns als natürlich ergeben hat, so wollen wir sie bei der behandlung unseres gegenstandes zu grunde legen, müssen aber erst noch über einen punkt mit ihm rechten. wann ist ein verbum transitiv? sobald man den begriff transitiv urgiert, doch wohl nur dann, wenn die durch dasselbe bezeichnete thätigkeit auf ein vor und ausserhalb der handlung vorhandenes oder doch als vorhanden gedachtes objekt übergeht. wenn Hübschmann nun p. 166 karesh = ziehen, schleppen anführt und als ergänzende accusative einmal „einen leichnam" und dann „eine furche", die beide die notwendige ergänzung eines transitivums sein sollen, so ist das unrichtig: karesh verdient nur in dem ersten, nicht aber — es kann ja dasselbe verb bald transitiv, bald intransitiv sein — in dem letzten der beiden angeführten fälle die bezeichnung transitiv. Hübschmann fasst also den notwendigen accus. zu weit und weist ihm auch solche fälle zu, welche entschieden zum freiwilligen gerechnet werden müssen.

Nach dieser verengung des begriffs behalten wir Hübschmanns bezeichnung notwendiger accusativ bei, stellen diesem accus. dann den freiwilligen gegenüber und behandeln zunächst den einfachen accusativ, erst den freiwilligen, darauf den notwendigen. den freiwilligen einfachen accus. scheide ich wieder in den qualitativ bestimmenden, den quantitativ bestimmenden und den adverbialen accusativ, dessen absonderung später gerechtfertigt werden soll.

EINFACHER ACCUSATIV.

I. Hauptteil.

FREIWILLIGER ACCUSATIV.

I. Abschnitt.

Qualitativ bestimmender accusativ.

§ 10.

Verbum und accusativ sind desselben stammes. (figura etymologica.)*)

Es kommt nur ein beispiel in betracht: hiet that

---
*) Citiert ist nach Sievers, doch sind die gestrichenen buchstaben im druck durch nachgesetztes h wiedergegeben.

giuuaraht 657, tecan manag 1206. so manag tekean 1212·
huat hie vundres giuuarahta 2164. mahtig tecan uundarlic 5621. uuarth . . uundartecan g. 5660 — thoh mag
hie . . brief g. 230. thar thie habhda Jordann . . enna
seo giuuarahtan 1152. that man thi hier . . en hus giuuirkie 3140. uuas . . te himile uueg g. 5774, thar uuas
eld mikil fiur g. 4943. thoh it (das gotteshaus) nu so
guodlic si uuislico g. 4283. that (das reich) thar
uuarth gumono barnon g. 4394 — liudi . . thie hie im . .
giuuarahta 2164. huo sia mahtig god . . sinhiuun tue
selbho giuuarahta 3592. the sia . . giscuop . . giuuarahta
3608. huand hie thit uueroldriki, ertha endi uphimil . .
giuuarahta . . land endi liudscipi 2885..
 gi-uuercon: that 3670.
 ful-gangan = ausführen: that gi thiu fulgangen, thia ik an theson gomon duon 4644.
 vobhian = üben, thun: that 2732.
 bi-huerebhan = ausführen: than scolda hie gibod godes (87) . . so scolda hie . . uualdandes geld helag b., hebhancuninges, godes iungerscepi 90 f.
 lestian 1) thun, ausführen: it 4648. that 1073.
1539. mi lethes uuiht 4905. is fruma 1716. inca uuinitreuua 321. iungarduom . . ambahtscepi 1117. uuisa Judeo folcas 462. thia landuuisa 4551. thiu berehtun giscapu, uualdandes uuilleon 778. uses uualdandes lera 187.
is lera 959. thia (sc. lera) hie l. scal 1369. lera mina
1629. sia (sc. lera) 1805. thero (sc. lerono) l. uuiht 1816.
sia (godes lera) 2498. gibod . . uualdandes uuord 2258.
that gibod 2333. an is briost hledit that gibod godes, linot endi lestit 2470. iro drohtines gibod, is gebha 2857.
thiu uuord endi thiu uuerc 4713. is quidi 4831—2) stiften: that hie thar . . fritho lesti 5254.
 gi-lestian 1) thun, ausführen: all hebbiu ik
so g. 3278. nu habit hie all g. so 5863. im . . harmes so
filo, lethes 5183. iu harmes uuiht, lethes 5887. alles thes
unrehtes thes (attrahiert = that) gi odhron hier gilesteat
1625. usas uualdandes geld 191. that geld 794 — that

gibod uuarth g. 348. thesa quidi uuerthat uuara, liudeon gilestid 3919. vgl. 1427 er than thero uuordo nuiht biliba unlestid 1426 — 2) verschaffen: hebhamriki liudeon 1051.

dribhan = treiben, ausführen, bethätigen: dribit im mislic thing 3467. thon hier.. thia foruuarahtan man uuehsal dribhan, unreht enuuald 3746. dribhun im godes giscapu 547. thes sia that giuuin dribun 2289. dribhat im dernian hugi 3005.

a-thengian = zustande bringen: bethiu 1656. ni mugun.. uuiht a. guodes 1768.

radan = verüben: filo morthes 5398.

gi-radan = schaffen: that is thie helago Crist helpa giriedi 2022, ä. 2987, 3562.

gi-sidhon = bereiten: thinera muoder succa soraga 822.

gi-skapan = schaffen: ne it oc god ni giscuop 1744. thesa uuerold 39, ä 811, 4092. all.. uuerold endi uunnia 3265, 4636. thit lioht 3058, 5086. thena the sia mid is handon giscuop 3608.

garuuian u. nebenformen = bereiten: huat nualdand god habit guodes gigeruuid 2533. te gigeriuuanne (gigaruuenne M) mina goma 4549. thar gerinuidun sia thia goma 4549. that (sc. feuer) thar gigeriuuid (gigareuuid M) uuarth godes antsacon 4421. thiu uurt.. thiu hir an felde stet fagaro gigeruuit 1680. thar ist libh euuig, gigereuuid (gigareuuid M) godes riki 4451. that (das reich) hier gigeruuid (gigereuuid M) stendit 4392.

§ 13.

2. Verba des anfangens und beendigens.

ant-fahan = anfangen: that gi thena uueg muotin fan foran a. endi forth thurugangan an that godes riki 1791,

bi-ginnan = beginnen: giuuerr 5239.

a-hebbean = anheben: gaman 2762. sulica lugina 5891. lofsang 3680. godspell that guoda 25 — thuo uuarth thar allaro sango mest, hlud stemna ahabhan

C, afhaben M 3709. thuo uuarth . . hanacrad ahabhan C, ahaben M 4989. uuirthit uuig so manag . . hetilic . . ahaban C, afhaben M 4319. thuo uuarth uuind mikil, ho uueder ahaban C, afhaben M 2913.

af-hebbean: abhhuobhun (afhobun M) thuo helagan sang 414. blizza afhobun 2011. that sia . . gaman afhuobhi 2749. ac hie thuo . . strit ni afhuobh 2893 C. that io sulic morth sculun man afheffian C, afhebbien M 4324. that that folc Judeono . nuroht ne afhebbian 4477.

endion ; endigen: iro dag 4328. hua thiu uuerold scoldi aldar e. 46.

fullian ; voll machen, demnach 1) endigen: iro dag endiot, fulleat mid iro ferahu 4328. 2) erfüllen, zur that machen: allaro rehto gihuilik te gifullanne 975. ik sea (thero furisagono uuord) f. scal 1429. ik fullian (fullon M) scal uuillion thinan 4768. er than gifullid (gifullod M) uuirthit himilo riki 4567. Cristes uuarun thuo uuord gifullid C, gifullot M 2162.

gi-uuaron ; bewahrheiten: of thu uuild . thin uuord g. 4485. er than uuirdit gifullid so, mina uuord giuuarod 4348.

bi-uuendian ; beenden: ira ambahtscipi 4211.

be-brengian ; zu ende bringen: that arundi ti anthia 1928.

ledian ; hinbringen: ledit im is uuerold mid thiu, is aldar ant thena endie 3473.

§ 14,

3. Verba spezieller bedeutung, welche in prägnantem sinne ein thun bezeichnen.

fuogian ; fügen: thar thiu strata uuas felison gifuogid 5462.

gi-hauuuan ; hauen: thar sia thia stedhi (die grabstätte) habhdun an enon stene innan handon g. 5736.

muniton ; prägen: huo hie (der silberdenar) uuas gimunitod 3823.

rihtian ∗ aufrichten: galgon . . bom an berege 5532. teuuerpan thena uuih godes endi . . up arihtian an thriddien dage 5073 — Jedenfalls stehn die accusative hart auf der grenze des notwendigen.

rumean ∗ räumen: ik scal im thena uueg r. 916, ä. 896.

stellian ∗ gründen: huand it (das haus) so fasto uuarth gistellit an them stene 1812.

uuindan ∗ winden: hobhidband hardaro thorno 5499.

bregdan ∗ knüpfen: thiu netti 1173.

fratohon ∗ zierlich bereiten: huo thar (thie M) uurti sind fagaro gifratohod 1673.

striunian ∗ kostbar bereiten: that feha lacan . . that . . uundron gistriunid hel hangoda 5665.

mengian ∗ mischen: habdun im unsuoti ecid endi galla gimengid 5645 ∗ sie hatten eine essig- und gallemischung bereitet (?.)

saian ∗ säen: that im thar unhold man after saida, fiond fecni crud 2556. hrencurni 2390, ä. 2542 hluttar corn . . enuuald 2550. Satanas selbho ist that thar sait after so letlica lera 2587.

bi-nuerpan ∗ werfen auf: af sulicon suhteon so than allaro suarostun an firio barn fiund biuurpun, tulgo lansam legar 1215 — Ob 5547 er sia an iro huarabhe hlotos uuurpun „einen loswurf warfen" erklärt werden muss, ist mir zweifelhaft.

okian ∗ vermehren: ak hie okid sia (is sundia) mid ubhilu gihuilicu 3494. ik sea (die worte der propheten) fullean scal, okian endi niunuiau (erneuern eldibarnon 1430.

§ 15.

4. Verba, welche eine geistige thätigkeit bezeichnen.

huggian ∗ sinnen: so lango so thu fiondscipes uuiht . . inuuid hugis 1487.

sia fruma fremidin ፡ dass sie gutes thäten 2701, doch muss es dahingestellt bleiben, ob hier verbum und substantiv noch als gleichstämmig empfunden und darum verbunden worden sind, oder ob den dichter das poetische interesse der allitteration zu dieser zusammenstellung veranlasst hat.

§. 11.
Verbum und accusativ sind nur sinnverwandten stammes.

Der accusativ steht hier selten ohne, meist mit attribut.

1. Verba des thuns.

don: so deda drohtines suno dago gihuilikies guod uuerc mid is iungron 2285. thia uuid mi hebbeat lethuuerc giduan 3244, vgl. 2512 an rethiu standan unordo endi uuerco allaro thie hie ·. . giduot.

frəmmian: uuapnes eggion fremidun firinuuerc mikil 743.

frummian: thar scoldun sea thar ena dad f. 451 thuo scoldun sia thia dad f. 5419, vgl. 3498 thia dadi thia hie so dereuia gifrumida 3498. endi sculun thiu uuerc f. 1070. endi thiu uuerc frumid 1983. ef hie . . menuuerc frumit 5194. habhit im selbho mer firinuuerco gifrumid 1715.

lestian: iuuua guodun uuerc 1646. 1943 C (gelestien M.)

uuirkian: uuamdadi 1919.

2. Verba des sagens, schwörens und zeigens.

seggian: sagda uuord manag 4230. gihordun is guodon uuord suotia s. 3783 that hie so filo sagda nuararo uuordo 2977, ä. 4242, 4273, 4500. thero uuordo, the hie iu sagda 5854. gihogda thero uuordo thuo, thia . . imo sagda 5150 — hie ni mohta thuo enig uuord gisprecan giseggian them gisithon 184.

sprecan: than scalt thu eft uuord spr. 168. thie gio mid firihon sprac uuord 5677 — uuislic uuord 1740. uuord manag 4637. all thiu selbhun uuord 4800. enig uuord 164 M, 229 M, 4867. uuord mikil 5190. sulic uuord 5361. 5590. 5868. filo uuordo 3664. uuordo filo 3689. filo uuisero uuordo 2967. thero uuordo than mer 974. so huat so . . uuisara uuordo 831. gornuuord 4590. lofuuord manag 413. hoscuuord manag 5565. anduuirdi 4040, ä. 5967. samuuurdi 5567.

gi-sprecan: enig uuord 164 C, 184, 229 C. that uuord 409, 829, 3143. so manah uuislic uuord 1205. sulic uuord . . so spahlico gisprocan 2650. thie hie (is helag uuord) . . gisprac 2348. gimedlic uuord 2658. anduuordi 2432. so manag guodera uuordo 4788. that hie ni mohta enig uuord g., gimahlean 164.

gi-mahlian: sulica quidi 817.

suerian: that gi nio ni sueran suithron ethos, merun mid mannon 1518. that than ni suerie nioman enigan ethstaf eldibarno 1508 — starcan eth suithlico gisuor 4976.

gi-bocnian: thar uuas so mahtiglic bilithi gibocnit 3589.

3. Verba des zahlens.

geldan: hie gildidh is iu lon after thiu 1634, gildid im is uuerco lon 1926. sia guldun is im mid fluru lon 3604.

for-geldan: that ik iu allon gilico muot lon f.. iuues uuerces uuerth 3443. that man thero manno gihuem is meoda forguldi, them erlon arbidhlon 3425. that man them mannon iro mieda forguldi 3429.

§ 12.

Das verbum in verbindung mit accusativen, welche ein attribut des im verb liegenden substantivbegriffs ausdrücken, oder das neutrum eines die stelle jenes substantivischen accus. vertretenden adjektivs oder pronomens sind.

I. Verba des thuns.

1. Verba des thuns im eigentlichen sinne.

don: 1) thun: iu lethes flo 1341. mi iouuiht lethes 4911. so huat so im thiu thieda deda liudi lethes 5054. im guodes filo 1456. mi uuities filo 3087. it 1513 1559. 2649. 3948. 3950, 4094. 4920. that (dem.) 1019. 1576. 1695. 3323. duo that thu duon scalt 4618. huat scal ik mines duon 3258. huat sia scoldin them uuibe d. 3847. huat . . uueldin d. 4939. huat sia duot 5542. so huat so gi . . is duat 1544, ä. 1970. so huat so gi dadun . . an uses drohtines namon 4409. so huat so im iro thiedan deda, 4523. so huat so im thiu thioda deda 5492. that it im . . dedun . . te hondon 721. that it im mahtig fiond te gi: druogi dadi 2924. dedun it thar te hoske 5495. duot en: dihuedhar 3628 — ik duon thi mera thar tuo 3579. dedun im eft odher au 5498. 2) verschaffen: duo . . adron manne fruma endi gifuori 1537. hie deda im thena fridhu selbo, muudburd uuid thero menîgi 2692. 3) zur umschreibung des einfachen verbs: thoh thes enigon gilobhon ni dedun uuretha uuidarsakon 2888.

gi-don: it 1433. 1699. 3320. so huat so man iu . . giduo 1535. so huat so hie her guodes geduot 1963. so huat so hie is . . giduot 1970. huat habhis thu harmes giduan 5215. ni sia thi hiudu uuiht harmes ne gidadun 3886. ef uui thar eniga suudia giduan 5486. thia suarun sundiun thia sia . . gidedun 3648.

fremmian: fremide . . liudeo barnon leof M, frumida C 2170. ledas that gi . . fremidun M, glfrumidun C 881. fremida . . godes iungarskepi M, frumida C 110. bihuui thu her dopisli fremis M, frumis C 927.

frummian: it 2712. huat sia te sundiun frumidun 4251. huat hie . . gifr. habhdi 5157. huat sia im than te ferahqualu f. uueldin 5174 — tionon 732. uuam 2588. nodrof 3272. nod 4841. giuuerr 4844. diuritha 4646. uuordheti 3898. eniga uuraca 3246. uuigsaca 4885. uuapno nith, grimman gerheti 4896 — iuua fastunnea 1630. uuerdscipi minan 4544. biuodherscipi 4652. uualdandes geld 179. is geld 461. sulican uuillieon 2215. uuilleon 4784. iro reginogiscapu 2593. dot 5069. thia feraquala 5396 — is gibodscip 8, ä. 1909. so leoblica lera 1277,

mina uuord 1825. iuua uuord 1956. iro herron uuord 5265
— sia (die evangelien) ne muosta helitho than mer, firiho
barno f. 15.

gi-frummian: ne uueldun derbeas uuiht . . menes
g., ne saca ne sundea 83. mer firinuuerco 1715. uuiht tionon
2680. huat . . grimmes 3496. uuam . . unreht enuuald
3842. harm 3890. im lethes uuiht 4196. men 5035. huat . .
mest harmes 5113. manslahta 5399. firina 5596. maritha
4. huat . . maritha 2164. uuiti 1339. all mera thing 4524
— so huedher mi selbhon suotera thunkit te gifrummianne mid minu folcu 5348. so huat so is mer obhar that
man gifrummiat 1524. huat hie them uueroda mest te uunnion gifrumidi 2744 — fader alouualden uuerc endi uuilleon 1923. uualdandes uuilleon 106. minan uuilleon 4396.
thia maht godes, thia ik g. scal 3103. thes godes barnes
uuord 3903. rehto gihuilic 5253 — thar scal drohtines
lof gifrumid uuerthan 3978.

macon: unreht gimet odhron mannon 1697. im
mera lon 3432. that uuiti . . hard haramscara, thea im
helag god mahtig macoda 240 — that man thi hier . . en
hus giuuirkie, marlico gimaco 3140. thiu (sc. burg) . .
stet gimacod mid muron 3626.

uuirkean: huat 5394. lof goda 81, 466, 1289,
1985. lof them thie 810. im lof so filo 3725. im so filo
lofsang 3721 — is uuilleon 790. uuilleon godes 855. minon uuilleon 2584. iro uuillion 5424. 5471 — tekan 2069.
manages huat, uundres 3934 M. egison 4316 — goma 4499.
is goma 4529 — an felis uuegos 1809. selihus 1819. minan
seli . . helag hus godes 3069. im selbhon thuo simon 5166.
craftigna cruci 5508.

gi-uuirkean: that 2526. iu harmes filo 1338. thes
hie selbho gisprac, giuuisda endi giuuarahta, uundarlicas
filo 35. than habhit hie . . sundea giuuaralita 1482. thia
(sc. sünde) gie iu selbhon hir uuretha giuuirkeat 1568, ä.
1617. uuid iu sundia 3225. uuam 5417. endi ni uuelleat
eniga fehta g. (verursachen) saca mid iro selbaro gidadeon 1317 — tha (sc. kumbal) uuarun thuru Christ herod

gi-thenkean = ausdenken: is beteran rad, odhran
723.
radan = raten, brüten: bigan siu im thuo lethes filo radan an runun 2720.
uuillian = wollen: all so it .. uuelda 681. so it god .. uuelda 357. it 5024. that 3095. (4704 „hiet that sia ni uueldin diopa githahti" ist verderbt.)
linon = lernen: it 2430. gelpquidi letha .. endi losuuord manag 3468. spahitha .. godes eu 3454. im thia lera 3786. that gibod godes 2470. that sia is helag uuord horean muostin, linon endi lestian 1236, ä. 1731. that uui thin uuord endi thin uuerc .. that uni it l. muostin 2429. f.
gi-scribhan = schreiben: thoh mag hie .. brief giuuirkean, namon g. 230.
scribhan: that 32. that sia than euangelium enan scoldun an buok sc. endi so manag gibod godes, helag himilisc uuord 13. au brief .. namono gihuilican 353.
gi-uuritan = schreiben: Johannes namon 236.

§ 16.

5. Verba, welche ein gebären, hervorbringen und zum vorschein bringen bezeichnen.

gi-beran ›gebären: thena enna .. thie thiu thiorna gibar C, gidrog M 2789. In passiver konstr. öfter, z. b. 123, 165, 348 cet.

fuodean = erzeugen, gebären: that uuit erbhiuuard egan muostin, fuodan (fodean M) an uncon flettea 149. endi scalt thena magu fuodean 265. that ik magu fuodie 272 — thie cuning ist gifuodid 598. huo hie gifuodit uuas 2730.

af-odian = gebären, nur im part. prät.: er than thi magu uuirdhit .. erl afuodit 165. vgl. 456 M, 605 cet.

kennian = erzeugen: hie uuas fan Ponteo lande knuosles kennid 5129.

a-tiohan = gebären: so filo so thar giboran uurdi an tuem gerun atogan C, gitogen M 732. thar hie afuodit unas, tirlico atogan 1137.

beran = tragen. 1) hervorbringen: that thie guodo bom .. bari biteres uuiht 1748. al sulic odas so thius ertha birid C, bihabad M 1099 — 2) bethätigen: spahan hugi 173, mildan 3261, forahtan 5952. giuuith mikil 689.

gi-dragan = tragen. 1) zur welt bringen: the ina saligna an thesan middilgard muoder gidruogi 587. the thiu thiorne gidrog M, gibar C 2789. thero thie quena enig kind gidruogi 2787. — 2) sulic uuastom .. so im (der baum) fan is uurtion gidregit 1749.

dragan, 1) bringen: druogon gomono gihuem helaga helpa 2859. ne dragu ik eni drugi ˙thing 264 — 2) bethätigen: that is muod draga hluttra treuua te hebancuninge 2473. sum sulican muod dregit, harda hugiscefti, hrean sebhon 2446 — Alle übr. fälle rechne ich zum notw. acc.

brengian = bringen: that sia an manno lioht allero barno betst br. scolda 338.

gebhan = geben: that iu thie ubhilo bom .. guodan uuastom ni gibhit 1746.

togian = vor augen stellen. 1) zum vorschein bringen: than sia (die bäume) .. bladu togiat 4340 — 2) erweisen, bethätigen: ik togiu iu guodes so filo 3944. so huat so sia im tionono tuo t. uuoldun 5291. togiat im hluttran hugi, holda treuua, leobh uuidhar iro lethe 1457 — 3) zeigen: tekean enig 844. sum tekan 5273. uundres filo, tecno 3113. uuunder 5444 — Dieser acc. geht dann in den notwendigen über: than togid hie iuu en guodlic hus, hohan solari 4541. thuo uuarth thie helago Crist .. drohtin gitogid 5947.

ogian: bilitho filo 2660. is godcundi .. berehtlic 3120. thuo uuarth thar seldlic thing giogid 3227 — brukan uuell allas thieses oduuelon thes ik thi hebbiu giogid hier 1105. thena uuillio ik eft o. for ogon godes 1977. endi uurthun giogida thar (die toten) 5673.

gi-togian: im suebhan gitogda, gidruog im an drome 680. uuares so filo torohtas 1205. giuuald .. te gito-

gianne (togeanna M) tecan 2163. so manag mahtilic tecan 2350. uundro erist thero the hie . . tegno gitogdi 2075. that thar io so helag ne uuarth tecan gitogid 5680. Auch verba ganz spezieller bedeutung bezeichnen bisweilen ein hervorbringen und verschaffen.
opanon ∻ aufthun: that hie opanodi im euuig lif 3617. lioht uuas thuo giopanod firio barnon te frumu 5772.
ant-lucan ∻ erschliessen: lioht liudio barnon 3616. thia lera 2579 — uuarth im antlocan is gilobho 5908. thann ni uurthi hebhanriki a. liohto mest liudio barnon 5391. them ist himilriki a. 3080 — Freiwilliger und notw. acc. grenzen hier übrigens nahe an einander.

§ 17.
6. Verba, welche ein nichtthun oder vergebensthun bezeichnen.

So die verba des unterlassens und vermeidens: for-latan: it 3840. 5468. that 454. so ik is eouuiht ni forliet 3279. that sea thes . . uuiht ni forlietin 2034, ä. 2116. that thiu uuiduuua uuop forlieti 2194. uuop 5918. firina . . men endi morthuuerc 2701. forlegarnissia forlat endi lugi giuuitscipi, strid endi stulina 3270. midfiri men . . suara sundiun 3476. men . . auoh obharhugdi 4253. that men . . thes gramon ambusni 900. fioudes giuuerc, diubhales gidadi 1365. gramono . . uuretharo uuillion 3451. thia lera thia hie lestian scal 1369. mina . . lioblica lera 2830. uualdandes uuord 3004 — Allmählich nähern sich diese accusative dann der grenze des notwendigen und überschreiten sie: odher hueder enn . ., eftha lusti thes lichamen eftha lif euuig 1656. is lusta 3453. hellea githuing . . letharo drom 945. liudeo drom 578. eldeo barn, muodag manno drom 762. lif 5323. 5692. ferah 4156. sinsconi, leoht 3598. thit leoht 3356.
mithan: mennethos 1504. filo ethuuordo 1514. uueroldsaca 3452. bi-mithan: nis mi uuerth iouuiht te bimithanne 4686. hie (der mond) ni mag is tidi b. ∻ seine zeiten verabsäumen: 3627.

far-merrian = versäumen: thia moraganstunda 3465.

uuardon = cavere aliquid: ne uuardoda im nieuuiht thia suarun sundiun 5472. huar gi iu uu. sculun uuiti mesta, menuuerc manag 1702.

far-liosan = verlieren, vergebens thun: that gi iuues drohtines gibed (das gebet zu eurem herrn) . . all ni forliesan 1571. that gi thia spraka godes endi spell managa ne forliesat (forleosan M) 1733.

§ 18.

7. Auch die verba des zahlens, bringens, gebens, erlassens u. ä. drücken nicht selten ein thun aus.

geldan = zahlen: that uui ni motun . . tinsi g. 5189. is uueroldherren sculdi endi scattos 3218. huat uui im g. sculun . . hobitscatto 3811. thero hobhidscatto thia sia the them hobhe scoldin tinsi g. 3189. sulica gambra, so imo scolda g. gihuie helitho fan is hobde 355.

for-geldan: ne sia ina (den zins) furguldiu san methmo custeon 3191. minan endi thinan tinseo so huilican so 3206.

idug=lonon = als lohn wiederholend zurückgeben: ne uuelda iro ubilun uuord i, hosc endi harmquidi 5302.

biodan = bieten: thes iu saca (verfolgung) biudad liudi 1336 — Die folg. fälle stehn dem notw. acc. nahe: im that silubhar bod gerno ti gebhanne 5151. im medmo filo . . gold endi silubar 5880.

brengian = bringen: them erlon brahta uuillspel uueron 5942. sulic uuillspel 5945 — that siu thar gebha brahti merun mikilu than 3769. ef hier odaga man era brahtun, methomhord manag 3771 — Schliesslich wird der acc. ganz zum notwendigen: for thit manno folc alles thines uuines that uuirsista 2058. an thia halla hobid thes thiodgumen 2782.

tuo brengian = zufügen: so huat so us thius thioda tuo bittres bringidh 4894, ä. 5119.

a-delian = zuerkennen. 1) c. acc. rei allein:

duomos˙5252. 5419. that sia thar unreht uuord, deruuies uuiht a. ne gihordin 5139 — 2) c. acc. rei et dat. pers.: allon irmintheodon duomos 3316. that sia imo uuiti bethiu a. gidorstin 5068. ne sculun gi enigon man unrehtes uuiht, derebhas a. 1691. them sculun liudio barn duot a. 1436.

felgian ; anheften: felgeat iu firinspraca endi fiondscepi 1340. firinspraca 4968. firinuuord . . bismarspraca 5116. firinuuord 5299.

heftian ; heften: an is herten helliuuiti 1483. balospraca, so hie an is brioston habhit giheftid umbi is herta 1756.

odan ; beschert: so iru thar ni uurdhi lethes uuiht odan arbhedies 303.

bi-felhan ; hingeben: hie im uuerc bifalah (wies ihnen arbeit an) adro an uhtan 3417, than thu . . bifelhes thina elimosina them armon manne 1556. im helagna gest . . endi ferahtan hugi, so manag uuislic nuord endi giuuit mikil 21 f.

gebhan ; geben: ni gibhu ik that ti rada 226. ne gaf iro . . enig anduuordi 2994. anduurdig 4085 antsuor 5281 — hie gibhit iu giuuit an briost, lustsama lera 4710. gaf im uñith thia fiond fridhu 2282. im helpa uuidar hungre 1671. gibh us dago gihuilices rad . . thina helaga helpu 1607. iuu libh euuig 4416. thia iro alamuosna armon mannon gerno gebhun 1226. habdun iro uuehsal gidago garo te gebhanne 3739. so ina (die königswürde) thie kesur gaf 5252 C. ne si that ina (cuningduomes namon) im thie kesur gebhe 5363. gaf im langsam lon 4208. that gi im sin (das ihm zukommende) gebat, uueroldherren is giuuunst 3830. nu ni gibis thu us scattes than mer 3438. thia scattos thia gi sculdiga sind gebhan 3820 — iro allaro gihuem enna silofrina scath 3416. himilriki allon thiodon 3508.

Hier, wie im folgenden sind die sicher zum freiwill. acc. gehörenden fälle vorangestellt und dann beispiele angeführt, welche zum notwend. acc. hinüberleiten.

far-gebhan. 1) geben: all so it .. forgibit 1765. it 4038. 5351. im anduuurdi 4294. im iro heli 3651. im is giuuit 2270. im simla ferah 2227. fegion fera 2353. im ferah 5418 uuas im is lif f. 4104. iu sulica lera (lehrgabe) 1404. im thina helpa 2111. is huldi 4117. giuuald 1840. thia giuuald 1078. 1846. sulica giuuald 3253. merun mahti . . craft endi cuusti 2338. that all . . hoha heriduomos 1101. hebanrikes sulic gideli, so thu mi, drohtin, uuili f. 4520. im lif euuig, godes riki . . hoh himiles leoht endi is helpa thar tuo 3667 — uppuuegos, himilo riki 3595. obar that fargebhana (das verheissene) land 908. godes uuang endi gestlic lif 1323. them is that euuana riki . . sinlibh f. 1302. im so filo godes rikeas 1158. himilriki 1041. himilo riki 3504 — im tyreas so filo 131. thi himilriceas slutila (himiles slutilos M) 3072 — 2) vergeben: grimuuerc 1623. ä. 2323. sundea 2328.

gebhoian (gebogean M): guodon mannon fehoscattos 1546.

far-lihan = verleihen: im helpa 3240. im iro heli 3556. Romano liudeon rikeo mesta 54

sellian = geben: endi uualdand gode selliat that thar sin ist 3832. huat uuelliat gi mi s. hier methmo te miedu 4481. im sinc manag 5882. Hier ist der acc. schon fast zum notwendigen geworden.

gi-sellian: ef uui hier gisaldun silubherscatto tue hund samad = zusammensshiessen(?) 2835. habhdun methmo filo gisald uuidher saluum = gezahlt 5784.

gi-scerian = verleihen: buota 2352.

An die verba des gebens reiht sich

a-latan = erlassen: thoh ik iuuua dadi ni mugi, sundea a. 873. liudeo gihuilicon saca endi sundea 1009. im firinuuerc mikil, managero mennsculdeo 1619. odhron erlon . . uuamdadi 1621. im iro sundea . . uurethero uuerco 3245. sundea gihuem lethes 3251.

§ 19.

8. Verba des vorenthaltens und verweh-

rens u. abhaltens. diese bezeichnen in gewisser weise das gegenteil des gebens, darum lasse ich sie hier folgen.

a-lettian = vorenthalten: im . . sulica gambra 355.

uuerian = verwehren: uueridun im thena uuaston 2410, ä. 2523. sia uueridun im thena uuillion 5357 — im is ubilun dad uuereat mid uuordon 3235, nu sculun gi im that men lahan, uuerian mid uuordon 1359 — Die letzten beispiele berühren sich mit den später behandelten verben des tadelns.

bi-uuerian: sia nie mohtun them liudion thoh b. iro uuillion 3650.

far-standan = abhalten: im thero costondero craft . . uuretharo uuillion 4741.

uuidar-standan. that . . fiundo nith, strid uuiderstande (vom evangelium) 28.

§ 20.

9. Verba des erhaltens, erlangens, erwerbens, des sammelns, suchens, wählens und des verlierens.

Dass auch diese ein thun ausdrücken, beweist

gi-uuirkean = erwirken: that sea muostin is huldi forth g. is uuilleon 691. thes guodon g. huldi hebhancuninges 901. is uuilleon 1172, ä. 1589. minan nuilleon 1959. hebhancuninges uuilleon 2519. thiedgodes uuilleon 3222.

gi-thionon = verdienen: thes herren huldi 1171.

gi-uuinnan = gewinnen: is beteran rad 1462 — riki 57. hebhanriki . . uuelono than meston, salig sinlif 1023. sinc mikil, methomhordhes mest . . uuelono endi allaro ginuadio cust 165. odes ginuog . . uuelono 2112. othuuelon allon . . methomhordh manag 3260. metmo filo uuelono 3292. sie lietun im mera at hus uuelono giuunnan 3772. all that siu habda uuelono giuunnan 3774. thero methmo thero the io manno barn giuuunnun 4407. huat sia thar ti meti habdin uuisses g. 2840.

a-uuinnan: ni mohta (1674) . . thoh nie mohta hie . . a. sulic giuuadi 1679. uuider uurtion, so sia mahtun a. mest (als das beste) 3786.

uuinnan: ni uuelleat fihu uu. erlos au unreht 1637. sia ni cunnun enig fihu uu. 1669.

gi-halon = erwerben: himilriki . . uuidbredan uuelon 1839. himiles riki 2367. hebenriki 3259 M. huand he gihalode mid thiu hethina liudi 4167 M.

halon = holen: so sculun git noh firio barn h. te incon handon 1160. halo tri thar odhran tuo guodero gumono 3228 — Die übr. fälle gehören zum notw. acc.

hliotan = davontragen: thes sia uuerc hlutun, lehtlic (ledlic M) longeld 2342.

fahan = fangen: fengun gibada an iro briostun = erhielten beruhigung 5828. fieng im uuothera thing, langsamoran rad = er ergriff eine angenehmere sache, einen dauerhafteren gewinn 1201; ä. 3477 fahit im an salig thing. hietun . . huaranos f. = haufen zusammenbringen 4136. fahit bethiu ubila endi gnoda (sc. fische) 2630; auch hier ist d. acc. freiw., da nicht von bestimmten fischen die rede ist.

thiggean = empfangen: than it allaro gumono gihuilic githigidi te thanke 2065. thu scalt noh kara th. harm on thinon herten 499. an is gastseli goma 3338. ni uuet . . thes uuities uuidarlaga thes (attraktion) thar uueros thingiat, thiggeat M 2640.

ant-fahan = erhalten: lon 1170. 2598. 3066. thanc eftha lon 1541. bereht lon 3362. is mieda, guod lon 3482. geld . . suitho lioblic lon 3514. thes hie uuiti antfeng, lon 5424. geld . . mieda managfalda 1989. era 3505. frumono merr 1547. iro drohtines diuritha 4250. lethes so filo . . uuities 1892. uuiti . . ubhil endilos 4447. uuiti 4497. iro gilobhen 953, ä. 3507, is ferah 3351. menniski . . flesk endi lichamon 3638 — tins endi tolna 1195. thit craftiga riki 4392. huo thena (den heil. geist) firio barn a. scoldin, lioht endi listi endi libh euuig, hohan hebannuang endi huldi godes 3923 f.

gi-fahan 1) fassen: that it thar mohti uuahsan eftha uurti (uurteo M) g. 2393. that sia gilobhon te im fasto gifengin 4267 — 2) fangen: al so git her an Jordanasstrome fiscos gifahadh, so 1160. succan so thu thar erist mugis fisk g. 3202 — fahit bethiu ubila endi guoda, tiuhit upp te stade 2631. uupp gitoh fisk af fluode 3212.

gi-niman = fassen: that hie im te them uuibhe ginam, te thera magat minnea 331. merun minniun thann hie thuo te them mannon ginam 4498.

copon = erwerben: sia (die gewalt) 1847. it (das silber) 5153. that man sulica firinquidi ferahu copo 5334; man erwirbt die lästerung als sein eigentum, in so fern nach ihrem erwerb keiner mehr ein anrecht an sie hat, sie also auch nicht mehr bestrafen kann.

for-geldan = erwerben: thoh uui hier te metie habdin . . so uui mahtin f. mest 2834.

uuehslon = durch tausch erwerben: habhit so giuuehslot . . himilrikes gidel uuelono them (thene M) meston 2487.

§ 21.

samn on = sammeln: ni samnodh gi hier sinc mi . . kil 1642. iu an himile horth that mera, fagara fehuscattos 1647. uuelono genoh, sinkes 3328 — uuordspaha uueros 1150. gisithos 1204. man 3413. craft mikil an them thinghuse thiodo . . an huarf uueros 5130 — In passiver konstr. thar is horth ligit sinc gisamnod 1650. meginfolc mikil 1220. megin so mikil 1245. all . . seo karo manno 2734. filo . . Judeo liudo 4015. thegan manag slithmuod 4463. so mikil huarf uuerodes 5371.

lesan = sammeln: nec oc figun ni lesat helithos an hiopon 1743 — In den übr. fällen hat sich der freiw. acc. schon fast zum notwendigen herausgebildet: lesat thea hluttron man sundor tesamne 2599 M. lisit im thann thia hluttron an hebanriki 2637. lisit . . thia guodan (sc.

fische) an greote 2633. tho it (das korn) . . fuglos alasun 2402.
suokean = 1) suchen: him ginuet dopi s. 961. ef man huem saca suokie 1521. hiet sia uuara godes sinlibh s. 2082. helpa 2270. — In den übr. beispielen erscheint der acc. schon mehr oder minder als notw.: that barn 545. ina 604. thena cuning 642. Erodesan 685. that barn godes 702. vgl. 807. 909. 1222. 2703. 2803. 4846. 5818. 5849. 5917. 4797. fader iunan 1795. thene bezton san man 1931. fader usan 4706. huena 4840. user bethero fader alauualdan iuuan endi minan suothfastan god 5936 — 2) aufsuchen: Judeo liudi 3985. liudi odhra 4125. thiod odhra 713. erlo gimang, mari megintheoda endi manno drom 1125 — iro vodhil . . iro handmahal 346. thia uuanamon hem 358. thit erthriki 376. leoht odhar 578, ä. 1331 5698. lioht godes 2799. leoht godes, uppodas hem, euuig riki, hohan hebhanuuang 946. hellea 1036. iro drohtines riki 1366. godes riki 4496. that hoha himilo riki endi thena is helagon stol 5975. hus godes 460. burg odhra 1945. mina selda 2106. 2123. Sydono burg 2983. burg odra 3034. Judeono burg 3183. Hierusalem 4533. te Emaus that castel 5959.

gi- suokean: hella githuing, bred balouuiti . . ubhil arabhedi 1500. ertha uuidheruuard 4852.

kiosan und gi-kiosan = wählen: ef thu it g. uuili 3139. uuita kiesan im odherna niudsamana namon 224. husstedi . . an fastaro foldun 1807. thia im thar copstedi g. habduu 3736. undar fiundo folc fard gikiusit 2457. habhit im g. an muod uuillion guodan 3452. endi uuiti gicos, hard helligithuing, hiet endi thiustri, diop dodhes dalu 5168 — im thuo thena fiftan gicos 1190. im selbho gicos tueliui gitalda treuhafta man 1251. that hie ina gicoranan habhdi selbho 991. the hie im habda selbho gicorana sia tuelifi 2903. ä. 3037. the hie te thero spraco . . g. habhda 1296. habduu ina gicorana te thiu 4147 — thia thar gicorana sindun 4392. sia uurdhuu gicorana te thio 12, ä. 16. — Auch hier hat sich der freiw. acc. dem notw. genähert.

niman ; nehmen. 1) wählen: namun im uueg odhran 695. thena engean (sc. weg) 1796. 2) annehmen, empfangen: hiet sia . . odmuodi u. 4254 -- thar nam hie so manag helag giruni, diopa githahti 4603. gilic . . thero uuordo endi thero uuerco 1550. geld suitho lioflic lon 1557. lon 1563. is geld . . suitho lethlic lon 1623. is geld . . suitho langsam lon endi lif euuig, diurlican drom 1788. ä. 3778. lon . . uuidana uaracsidh 2288. sulic lon 2606. thes . . lon 3323. geld . . hoh himilriki 3488. is mieda gihunie fulla 3512. that lon . . ubhil arabedi inuuidrado 4585 — that sia at enigon man meda ne namin, diuria methmos 1844 — 3) zur umschreibung des einfachen verbs: uuara namun huo 5744.

Gewissermassen ein gegenteil des erhaltens ist das verlieren, darum behandeln wir

far-liosan: nio thie astereban ni scal, lif. f. 4056. ef gi iuua (sc. seola) . . forliesat . . than muotun gi sia eft . . findan 1911.

§ 22.

10. Verba des aushaltens und erduldens.

a-dogian ; aushalten: iro unapanthreki 4389.

ant-standan ; aushalten: thes uuolcnes uuliti endi uuord godes, thia is mikilun maht 3152. that uuord godes, thia stemna 4853.

tholian (tholoian) ; dulden: huat hie . . th. scolda 3881. bethiu 1895. 2136. naruuara thing 1350. uuiti 4184. thiodquala 4795. that thu so bittra scalt bendi th., qualm under thinon cunnie 5216.

tholon: that 4832. heti endi harmquidi 1322. arbhed . . uuiti 1346. pina . . uuatares uuiti 2933. uuiti . . hungar hetigrimman 3016. hungar 3346. uuiti 3379. 3590. 4784. thranuerc 3392. thiodarabhedi 3601. sulic harm . . bittara briostcara 4032. thiodquala 4463. thena ambahtscipi 4522. uuiti endi uunderquala thia ik . . scal th. 4568. dodh . . uuiti endi uundarquala 5378. qualm 5562. ser 5593. quala 5695. manag te dage arbhiduuerco, huilon unmet het (etwas unmässig heisses) scinandia sunna

3436. bittra logna thrauuerc . . endi thia odhra thioduuelon 2603. uurethes uuilleon 1078. thia logna . . brinnandi fiur 3382. bendi 5050. 5171.

gi-tholon (u. nebenformen): it . . all 5301, ä. 5504. 5710. that 4139. all uuities endi uuammes 1534. arbedies so filo . . endi githuing so samo 1889. ge hosc gi harmquidi 1895. bethiu . . uuelon endi uuilleon endi uuonotsam lif, guod lioht mid gode 2136. sulic uuiti mikil 3096. filo hoskes 3527. iro uurethun uuerc, uuord endi dadi 5289. sulic liudio qualm 5530.

uuinnan, die bedeutung leiden ergiebt sich aus der grundbedeutung erlangen: uunnun uuracsithos 3602. sulic uuiti 4920. uuoi 5426. uunderquala 5590. 5609.

Hieran reihe ich zwei verba des büssens u. entgeltens:

a-geldan: that hie a. scal, inuuidhspraca 5332.

ant-geldan: that hie it mid is selbes scal a. mid gilicon lithon 1531. thia dad . . iro menuuerc 4418. iuuua inuuid 5526.

§ 23.

11. Verba des innehaltens und habens.

haldan = halten. 1) feiern: thia helagun tidi, Judeono pascha 4202, ä. 5258, 5141. thia helagun tidi 4531. 2) observare: it 2505. halt inkan friundscepi uuel 322. iro gilobon 854. 897. thena aldan eu 1416. helag gibod 1826.

bihaldan. 1) observare: it 2533. 3276. that 3400. al 435. hebancuninges gibod 2087. thia helagan lera 3267 — 2) tenere: Erodes biheld thar craftigna cuningduom 5252.

Hiernach dürfen wir auch die mit „haldan" verbundenen accusative „hohgisetu" 365 u. „thingstedi" 3745 für freiwillige halten.

gi-haldan: thesa mina lera 1803.

uuaron = innehalten: thia helagun tid 4215.'

delian = teilen, gemeinschaftlich feiern: Judeono pascha 4562.

egan = haben. Ich stelle diejenigen fälle, welche sicher zum freiw. acc. gehören, voran, während die übrigen entweder zum notw. acc. hinüberleiten oder schon zu ihm gehören, ohne dass ich die grenze zu bestimmen vermöchte: than lang hie giuuald ehta thes rikeas 10. thero marca giuuald 763. ef thu iro scoldis g. e. 5573. that hie sulic megin ehta 841. than lang thie hie thena drohscepi e. muosta 363. gisahun thena is fera e. 2217. ne unandun ira fera e., lif 5801. sulic giuuit.. sulica githahti 850. giuuit.. gihugdi an is herten 2607. than muotun gi thia fruma e. 1460. that hie is aldargilagu e. muosta 4105. aldarlangan tir, hoh hebanriki endi huldi godes 2619. lioht godes, diurlican drom.. uppodes hem 2796. euuan riki 1434. erthriki.. uuidana uueroldstuol 2880 — all that sea thar fehes ehtun 1185. guod.. uuidon uueroldnuelon 1348. methomhordhes mest thero thie man ehti 1676. giuuades than mer 1855. uuelon.. bu endi bodlos 2159. thia hobos 4539. it (das silber) 5162. uuidbredon uuelon endi uuerodes ginuog, helithos hugiderbea 2120. habit fridhu meran, milderan mundboran, than thia man egin 1955. erbhiuuard 86. 149. undar iro lithion barn 324. obharhobdeon 609. sia (die frau) 2715. garu.. te sulicon ambahtscipie so he mi e. uuili 284.

hebbian = haben. Auch hier gilt das von „egan" gesagte: that te tegne 405 — than ni habis thu enigan del mid mi an hebanrike 4514 — than scalt thu eft.. h. thinera stemna giuuald 169. es spraca g. 238. liudeo g. 59. thar g. habbit min mahtig fader 827. ef thu g. habhis 1065. so hie g. habda 1832. that thu g. habis 2107. that ik g. hebbiu 2327, vgl. 2419. 2917. 3442. 3983. 4063. 4485. 4516. 4768. 5350. 5556. iunes ferhes g. 1904. bethies g. 1909. thero custeo g. 2697. g. merun 2876. grottan 3075. allas theses rikes 3829. alles 3439. allaro thiodo 4406. is uuordo 4978. thar hie is habhdi g. 5336. sulica g. 5388. sia... so mikilan 3448. thia habdon maht godes, helpa fon himile, helagna gest, craft fan Criste 10.

craft godes 382. tha maht fan gode 1007. maht godes. 2070. huilica craft habhit thie mennisco muod 5031 — riki 67. enigan herduom . . uueroldcuninges namon 2892, ä. 5363. riki ofer us 5376. that it is reht habhit 2468. huilik reht 3803 — craft godes, helpa fan himil fader, helagna gest, nualdandes nuisduom 2003 — habhdun im thar minnea tuo 836, vgl. 1498, 2716, 4219 — habdun im lethan strid 2341. hardon muod, suitho starcan strid 2362. giuuin mikil 4265. hardon stridh, uurethan uuilleon, uuancalna hugi 2493. starkan 29. uuekean 262. feknean h., uurethan uuilleon 1230. ferehtan h. 73, 1238, 3001, 4635. fegnian 1738. enualdan h., mildan muodsebon 1885. ferhtan (fastan M) h., blith'an 3541. tuiflian 3704. mordhugi, inuuid 4221. grimman h., slidmuodean sebhon 4263. mengithat, briosthugi bittran 4610. thegnes h., uuillion guodan 4690. fastan h. 4785. bittran 5098. helagna gest, saligna sebhon 467. sulica githaht 118. hluttra treuua 902. tr. guoda 1195. huilikan hie muod habhit 1753. giuuit . . horsca hugiscefti 1806. sulic giuuit 2881. giuuit 260. guodan muod 2465. so grimmon sebon ni so uureden uuilleon 2687 M. ellen guod, thrista githahti 3055. thes uuilleon 2147. is uu. 3265. 3282. 4511. uu. guodan 3024. thie gio merr . . gilobhon habdi 2128. vgl. 2153. 2955. 3067. 4045. 2318. 3779 habit fridhu meran, milderan mundboron 1954. than ni habhis thu fritho huergin, mundburd 3695. fridho 3259 is uueroldherren huldi 3223. nunnia than mer 2187. diurlic libh, blizza 3333. lethes filo, uuities 3380. ubhil efta guod 3408. thes eniga mieda . . efha lon 1547 — uuit habdun . . tuentig uuintro 144. fiuuartig dago endi nahto 450. iartalu tuelini 786. thritig nuintro 963 — thar it gegrund habhit 2476. — that ni habhit enigan gigadon huergin 25. gimacon mid mannon 1836, ä. 2796 — so huat sea habdun giuuunnanes 1166. it (d. himmelreich) 1328. hebanriki 4269. it (lioht) 1405. mer uuines 2020. erlo gitrost, holda heririncos 2114. himiles riki, so endilosan uuelon 2528. mer garoes 2843 mahtigna herron 997, 2874. cuning odhran

5374. hort an himile 3288. himiles leoht, opan euuig lif 3324. so flo guodes 3331: tecan 3372. huat . . uuelono 3376. eu godes . . Moyseses gibod endi thar manegero tuo uuarsagono uuord 3396. thia helagun peda 5548. ne sulik barn ne sulik bokon 590 sulic giuuadi 1679. the (den wein) ik gio . . gisah huergin h. 2063. barn under iru 298. the (den balken) thu an thinero siuni habbis 1706. sulic so hie . . habhit hort umbi is herta 1762. enna lefna lamon . . an is seldon 2097 — habdun that barn mid im 459, ä. 793: iro suno habhda. ik habbiu . . mid mi stranga stemna 934. habda gisithos mid im 2983. thiu thena magu habda that barn an iro barne 215. thoh ina Satanases fegnia iungron . . habhdin undar handon 2273. Hier ist der acc. sicher notwendig.

II. Verba der rede und mitteilung.

§ 24.

1. Sagen, sprechen, antworten, erzählen, zählen.

quedhan: it 2753. 3296. huat quethat thesa Judeo liudi . . huat ik manno si 3039. quedhe ia ef it si 1522. quedhe nen ef it nist 1523.

gi-quethan: that 3857. that hie spel godes . . seggian cunsti, so craftlico giquethan 2650.

seggian: it 637. 999. 3196, 4302. huat sculun uui fan thi s.-ti suothan 924. ni uueldun . . s. giouuiht 698. all so it . . sagda 1333. 5208 — huand thu sulic men sagis 3951. sagdun thuo lof gode 431, ä. 2267. 3583. uualdande thanc 475, ä. 2156. 2965. 3681. alat sagda them thie 4091, ä. 4636. 5013. im is rada 3226. is im guodan rad 4480. im filo langsamana rad 4527. uuarlic bilithi 1802, vgl. 2622. 3326. 3410. manages huat berehtero bilitho 3172. huat hie im suodlicas s. uueldi 183. lera. 2080. 2387. nuilspel mikil 527. liebera thing . . uuilleon 397. sulic suothlic spell 2416 spel godes 1376. 1381. 2650. thea fruma . . the hie them liudiun sagad 1861. seggeat im uuissan fridu 1938. so manag mislic thing an mahtigna Crist sagdun te sundiun ⋮ sagten aus 5382. -

Auch die übr. beispiele müssen zum freiw. acc. gerechnet werden: thero uuarsagono uuord them uurekkean sagda 631. im thes uuibes uuord 5464. eu godes eldibarnon 1387. nu ic iuues drohtines scal uuilleon s. 4564. that sia im that arundi eft ni uu eldun s. 719. bigunnun s. iro suefnos 688. that sia .. ne sagdun thiu gisiuni 3166. them iungron Cristes seldlic gisiuni 5872. im is grimmun dad, sundiun 5150. im thes uuedares craft 2247. that sald that ik iu sagda 2442. — Selbst 858 „er thann hie ina (refl.) selbo s. uuelda" muss deshalb zum freiw. acc. gezogen werden.

gi-seggian: it 4997. that 4107 5085. usa arundhi 564. that sia so thurftiges sunnia gisahdin 2305. an mahtigna Crist te giseggianne sundia 5065.

biseggean: biseggea that uuare M, hie seggie C 1521.

sprecan: it 1432. 2777. 4597. that (dem.) 5207, (rel.) 3018. so huat so siu gihorda thia man spr. 437. thes iu liudi .. leth sprecat 1337. es tho enig harm 2807. gelp mikil 3928. 5052. sulic uuah 3950. bihet 5042. lastar 5299. 5571. is lof 3732. that reht 3804. thoh uui reht sprecan 4193. that bilithi 3510. thiu (sc. spel) .. sprac barno rikost 1993.

gi-sprecan: it 38. 375. 444. 623. 1414. 2039. 2109. 3028. 3523. so unar 4158. ä. 4163. sulic men 5020. so filo lethes 5377. thes hie selbho gisprac.. uundarlicas filo 35 so filo suothas 906. unreht odhron 1995. thia lera, thia .. gisprac 3768, ä. 4247.

gi-mahlian: er scalt thu .. gemodi gimahlean M, gimalon C = übereinstimmung aussprechen (?) 1469.

hruopan: it 3730.

and-uuordian: niouuiht uuidh iro uurethun uuord 5382.

gehan = zugeben; thes .. iouuiht 4975.

gi-tellian. 1) erzählen: that (dem.) 2076. 2163; (rel.) 405. thero lerono enndi 4225. that (huuat M) im .. filo mid uuordon torohtes gitalda 1585. thi .. usa arundi 564 — 2) zählen: thiu tid .. the (that M) thar g. habdun uuisa man 94. thar uuas gumono g . . . fif thusundig 5870. gicos . . tueliuui gitalda, treubafta man 1267. habhda ahto gitalda 1326.

tellian. 1) aussagen: sundia uueldun an thena godes suno gerna t. (gitellien M) uurethan uuillion 2670. 2) aufzählen: bi theson tekon thia ik iu talda hier 4344.

§ 25.

2. Verkündigen, erklären u. ä.
cuthian: it 2425. huat 1284. giuuitscipi uuares thinges 5226. uuilspel mikil 519. uuillspell mikil . . cumi drohtines 5836. thia (sc. lehren) hie cutda obhar all 2345. thesa quidi 5954. ik scal in c. craft mikil 1123. thia craft godes 5868. is hugi . . is uuilleon 1768. iuuuan muodsebhon 1932. Cristes uuerc 4129 — Selbst bei refl. „ina" = sich zu erkennen geben, muss der acc. als freiwillig gelten: 5920. 5963. - Von den accusativen bei meldon = anzeigen gilt dasselbe: sia for menigi 304. mik te thesaro menigi 4838.

gi-cuthian, nur im passiv.: thiu maht godes . . is craft mikil 192. craft godes 648. thes godes barnes cumi 4020. uualdandes uuerc 3587. hie 5402.

a-hludian = kund thun: thiu (sc. uuerc) thar uuerthat a. fan thero helagun tungun 1071.

gi-menian = verkünden: behui hie so that uuord gisprac, gimenda mid is muthu 829. fruma mancunnies 4159.

menian = meinen, bedeuten, bezeichnen: menda mid thiu uuataru . . helagna gest 3922. that (das gleichnis) menit thoh briosthugi, managero muodsebon 1750. menda im thoh mera thing = hatte im sinne 3445 — that 1750. 3509. 3591. 3634. 3654. huat hie menda 2375, ä. 2440. 2575.

marian = verkünden: it 1560. 3232. thitt 4645. is lof uuas gim. 1247. thar scolda is namo uuertban mannon gim. 2177. . . ni uuolda is craft mikil mannon m. 840. Cristes cumi endi is craft mikil 866 M. is megincraft 2268. thia maht godes 5894. that godes uuord 1373. thia (sc. lehre) 2444. thar uuas thuo uualdandes megincraft gim. 3216. uuas uualdandes uuerc . . managon gim. 3567 — Reflexive accusative: that hie . . ina m. scoldi 853. huand thu thic so maris 3951. mari thik 5588.

rekkian = erzählen: it forth 3168. that giruni
3. spel godes 572.

bredian = ausbreiten: it . . that gibod godes 1411.

gi-rihtian = erklären: us that giruni 1595.
bi-fahan = erklären: it 1436.

§ 26.

3. Gebieten, bestimmen, verheissen:
gi-biodan, thia (sc. thero furisagono uuord) hir so giuuara man baralico gibudun 1432. the (sc. die worte) sie . . gibudun 1427, thea hie . . gibod 1836. thia (sc. die werke) ik gibodan hebbiu 1983. thia uuord endi thiu uuerc thia ik iu . . gibod 4713.

bi-felhan = befehlen: hie im thuo bethiu bifalah 1837.

fastnon = festsetzen: it 3385.

gi-scerian = bestimmen: sculdi endi scattos thia imi giscerida sint 3218. — Bei persönlichem odjekt ist d. acc. notwendig geworden: thena habdun sia g. te thiu 5647. hie uuas iu than te dodhe g. 5446. thuo uurthun thar giscerida . . uueros te thero uuahtu 5762.

gi-seggian = bestimmen: habhda . . ahto gitalda saldha (zur seligkeit) gisagda 1326.

gi-markon = anordnen: it 1513. 4892. 4979 huat hie te frumu mohta mannon g. 5272. all so is gigengi uuas . g. 191. neuan so ina (Christi empfängnis) uualdan god . . gimarcoda 2790. thann habhis thu uundarlico uuirdscipi thinan g. = dein mahl wunderlich angeordnet 2056.

markon: it. 4779.

gi-hetan = verheissen: us guodes so filo, helpa

567. mundburd 1242: ik iu godes riki gihiet, himiles lioht endi gi mi holdlico iuuuan theganscipi 4572. im meda . . suitho holdlic lon 3413. mer uuerthes 3440. im silobherscatto thritig 4489. hebhanriki 1143. 1333.

§ 27.

4. Zeigen.

uuisian: im te hebanrikie thena uueg 1871. uuord godes 2. huat hie im suodlicas seggian uueldi, uuisan te uuarun 183. so leoblica lera so hie . . uuesan (uuisean M) hogda 1277. be bilithon that gibod godes uuordon 2438. lera mina uuordon 2462. uuares so filo 3802. manag marlic thing 1295. al 427 — Bei persönl. objekt ist der acc. wieder fast notwendig: uuisda ina them uuerode 4832. uuisi ina mi 5925, vgl. 5923. ef thu ina mi giuuisan mohtis.

gi-uuisian: thes hie selbho gisprac, giuuisda . . uundarlicas filo 55. manon iu thero mahlo thie ik iu manag hebiu uuordon g. 4710. it 3064. so huat so man . . giuuisit 4710.

§ 28.

5. Erfragen, erbitten, ausbedingen.

escan (escon M) = erfragen. Trotz des persönlichen objekts fasse ich den acc. nicht als notwendigen auf: that ic thic . . so e. scolda undar thieson burgliudeon 822.

biddian = erbitten: huederon sia thero tueio tuomian uueldin, ferahes (für das leben) biddian 5411.

a-biddean: it at is friunde 4925. themo landscathen lif 5415. that sia . . enna haftan man a. scoldun 5406.

thiggean = erbitten: huat thu . . th. uuellies guodaro methmo 4486.

suokean te = fordern: huat uuili thu thes au s. te us 5158. tinseo so huilican so hie us tuo suokit 3206. thie im te theson kuninge (kunnie M) herod tinsi suokit 3810.

gi-thingon = ausbedingen: thia scattos . . at thero thieda 4592. that sia themo landscathen lif abadin, githingodin them thiobhe 5415.

Hier führe ich an: that hie mest bitharf 2525.
§ 29.
6. Lügen, leugnen, widersprechen, verneinen.

liogon: hie ni mohta is quidi l. 2778.
lognian: iuua lera 1341.
uuidar-seggian: iro aldiron eo, thero liudio landreht 3859 M.
aut-quethan: it 3815.
§ 30.
7. Verhehlen, verbergen, verheimlichen.
Die beispiele stehn oft hart auf der grenze des notw. acc.
helan: it 5718. es im eouuiht 636. mi so thinan muod 5343.
bi-helan: habhda im so biholan (bihalden M) uuord endi uuisdom endi allero giuuitteo mest, tulgo spahan hugi 848 — In passiver konstr.: iuna uuerc mikil 1393. uuord enig 3198. eouuiht 1577. 4178. it 4306. thiu burh 1395.
for-helan: thes giouuiht 1754. iuua helag uuord helithcunnie 1469. them is saligon gisithon sorogspell 3174.
bi-mithan: nist thi uureth (uuerd M) eouuiht te bimithanne manno nigenon 3802.
dernian: lioht liudeon 1405. iuua helag uuord liudeon 1409. mi diopgithaht 5343.
bi-dernian: that 4296. elcor uuiht dadio minero 2432. uuilleon thinon 4619. ni mugun iuua uuord . . uuerthan iuuua dadi b. 1397.
bi-haldan: habda im so b. uuord endi uuisdom 848 M. ac. uuas (sc. Christus) im so bihaldan forth 540.
bihullean: lioht liudeon (behuelbean M) 1405.
§ 31.
III. Verba der sinneswahrnehmung.
gi-horian: that 5202. filo scal ik thar githolon hoskes g. endi harmquidi, bismarspraca endi bihetuuord manag 3527. lat us thinero uuordo thar endi g. 2425.

dereui thing harmlic 5513. uuilleon thes uuibes 3023. is lerun 497, ä. 1828. 1988. uualdandes uuord 575, ä. 1730. 2092 C, 2348. 2378. 4092. 4217. 4257.

horian: Cristes lerun 499. is lerun 1232. sia (die lehre) . . helaga 2579. thes lethon uuord 1106. is helag uuord 1236, ä. 1725.

sehan: sauun seldlic thing 5678. ä. 5907. ef gi uuilleat . . sinlibh s. 1475, ä. 1801 M. thu scalt hier craft s. uualdandes giuuerc 2195. liet sia is uuerc s. 2346 — uuas im thiu uuanami te strang, te suithi te sehanne 5846. uuart is giuuadi so huitt so sneo te sehanne 3128 - himiles leoht, godes riki 3106. lioht godes 5605. thesa uuerold . . libbiandi lioht 4008 — thena hebhanes uualdand 1315. that godes barn 2648. ina 4982. that lik 4077.

far-sehan: sorogia ginnogia, mikila muodkara 5746. godcundes huat 188. all . . thes gumen grimman dodh 5742. be that he thea uurdi farsihit C, gisihid M 4581.

gi-sehan: that (dem.) 4973, (rel.) 34. ik hebbiu hier so filo . . seldlikes g. 5456. thuo ni gisah enig firio barno merun miunia 4498. is helagun uuerc 4119. sinlibi 3652. liudeo drom, sunnun scin (lioht M) 3575. thit lioht 2597. that berahta lioht . . sinsconi 3631. sunnun lioht 3662. enna engil godes 113. selbhon Crist 426, ä. 472. 5272. minan drohtin 485, is dr. 997. ina selbhan 604, ä. 888. ina selbho 2310, ä. 5866. halm an is ogon 1705. all . . so huat so thius uuerold behabet 5977.

bisehan in der übertragenen bedeutung besorgen: thena unih godas 95.

an sehan: sia 1291. ina 3280. iuunan fiond 4968. that horth 5669.

obhar sehan = überschauen: all . . irmintheoda, uunodsamna uuelon endi uueroldriki endi all sulic odas so 1097.

scauuon = schauen: thes arbhedes endi 4582.

is dadi 2347 — thena guodon 3359 thia scattos 3820. hreu 4078. ina undar is ogon 5807.
undar-findan = ermitteln: iro arundi all 638. is muodsebhon 5277.
ant-findan = bemerken: it 2017. ina 1127.
findan = finden: uuid them uuordquidi uuidarsaca 3873. so uureht giuuitscipi, that 5068. thi lastar = an dir sünde 3806. lastares uuiht an them barne godes.. fecni uuord 5229. an them hafton man sulica firinspraca 5335. thar sia selithon findin 2825. thero miedun .. gimacon 2642 — Bei persönl. objekt erscheint uns der acc. als notwendig: ina 303. 1796. 4172. 5851. folco drohtin, liudo herron 430. enna guodan man 463. Erodesan thar rikkian an is seli sittean 548. fridhubarn godes 667. that helaga barn 804. ina sittean thar 807, ä. 818. 1153. 1173. 5461. gimacon thes mannes 2127. enna cuninges thegan 3184.
ant-kennian = erkennen: that 3938. 4063. 5227. is .. uuiht 813. gi thesaro dadio mugun bi theson bomon bilithi a. 4339 thes alouualden craft 488, ä. 3621, thiu kumbal godes 657. all ankenda .. godes tekan 776. iro uurethan uuillion 3816. craft drohtines, thia mikulun maht godes 4088. thia maht godes 4122. craft mikil, cumi drohtines, herren helpa 4259. iro mirkiun dadi 5651. uualdandes uuord 689. that godes gibod 711. uualdandes dod 5660. Cristes dod 5675. all ankenda bocan endi bilithi endi oc that barn godes 478. maht godes, himiliscan herron 5286. ertha endi himil .. lioht endi liudi 3581. god 421. that helaga barn godes 518. vgl. 538. 671. 857. 1164. 1739. 2689. 3607. 3617. 4963. 5920. 5930. 5962.
af-sebhian = wahrnehmen: that 298. thes uuiht 5777.
undar-uuitan = erkennen: it 1967. ina 2690.
far-standan = verstehn, erkennen: that 4654. nuises mannes uuord 502. min uuord 4228. sea (die stimme) 934. it (gottes gebot) 1412. mina lera 2441.

iuuan muodsebhon, iuua uuerc endi iuuan uuilleon 1401.
undar-thenkian ⸗ erkennen: it 2554.
undar-huggian ⸗ verstehn: that . . uuel 1744.
far-fahan ⸗ auffassen: that sia it (das evangelium) so farfengin 3839. an auoh . . Cristes lera 4222.
gi-fregnan ⸗ erfahren: is mikilun craft 3751. thiu spel 1992.
lesan ⸗ lesen: thea bok 3402 M.
cunnan ⸗ kennen: it 4300. gi cunnun manages gisceth 4151. so filo . . uuisaro uuordo 208 — is aldar 724. is muodsebhon, uurethan uuilleon 1032. thes uuerodes hetigrimman hugi endi hardan strid, uurethan uuilleon 3545.
bi-cunnan: all reht 1961. iuuan eo . . iuuaro liudo landreht 5320. thesaro thiodo menniscan sidon 3102. thes uuibhes uuord 4961. iro arundi all 5816.
uuitan ⸗ wissen: it 1576. 1665. 2038 cet. thit 2434. it all 1665. that 4095. 4152. 4298. 4720. 5350. 5447 — Häufig mit „giscedh". z. b. uuissun im thingo g. 653, vgl. 1723. 1726. 2466. te hui uuet thi thes . . thanc 1551. ne gi eniga era ni uuitun thieses godes huses ⸗ versteht nicht zu ehren 3748. thes uuities uuidarlaga 2640. buokcraftes mest 614. himilisc giruni 2437 — uualdandes blithi gibodscipi 301. is uuintro gitalu 725. iuuan uuilleon 1633. allaro manno gihues muodgithahti, uuord endi uulleon 1925. mina foruurhti 2124, ä. 3233. iro tuiflan hugi 2662. thia maht godes 3102. hugiscefti manno gihuilices 3199. thia uuurdhigiscapu 3693. thero manno so garo muodgithahti, iro uurethan nuillion 3866, ä. 4177. that dagthingi 4185. iro hugiscefti 4559. minan dodh 4723. thia saca 5421 — thar hie ena idis uuissa 251. ina . . thar 793. that barn godes . , under them uueroda 3560. thar . . thena odagan man inna 3337 — uui thia (seine mutter) uuitun alla . endi is cnuosles

gihuat 2654. thia uuissa hie bethia 3970. thia stedi uuissa Judas uuel 4815.
gi-huggian = bedenken: it 2505. 2524. that 1584. 3062. mengithahti, is selbes sundia 3874. thena suaron balcon . . hard trio endi hebhig 1703.
ahtoian (ahtogean M) = beachten: odhres mannes saca endi sundea 1715.
ahton: it 3234. that . . that uunder 2212. it (is uuerc) 3234. so that ni mag gitellian man, giahton, huat 3263.
obar-horian = behorchen: iro uuord 3795.
aftar-uuaron = beobachten: thes godes barnes uuord 2322 M. im thero liudeo hugi, iro uuilleon 3759.
gibergan u. bihaldan = bewahren: Maria all biheld gibarg an iro briostun 830. that fri all biheld an iro hugisceftion 435.
hladan = aufnehmen: that an iro herta 4255, vgl. 3963 so that an is muod ginam. an is briost that gibod godes 2469.
bidan = erwarten: uurdigiscapu 197 M. metudgiscapu, torohtero tideo 4827. godes helpa 3612. gibidan: eft uuilleon 1307.

II. Abschnitt.

Quantitativ bestimmender accusativ.

Kap. I.
Lokaler accusativ.

§ 32.

1. Der accusativ bezeichnet den raum, über den hin sich die handlung erstreckt.

Er steht bei verbis der bewegung:

faran = fahren: huo hier uuegos tuena liggeat an theson liohte, thia farat liudeo barn, all irminthiod: thera is odher san uuid strata endi bred, farit sia uuerodes so filo, mancunneas manag 1771 f. than ligit eft oder engera mikilu uueg an thesaro uueroldi, farit ina uuerodes liut (lut M), faho folcscepi: ne uuelleat ina firio barn gerno g a n g a n 1781 f. than nimat gi iu thena engean (sc. uueg): thoh hie so othi ni si firihon te faranne, thoh scal hie te frumu uuerthan so hue (huemu M) so ina th u - r u g e ng i t 1786 f.

An zwei anderen stellen fasse ich den accus. ebenso; wäre „uueg" hier g a n g, so wäre jener qualitativ bestimmend: that sea im thanan odhran uueg erlos fuorin, l i t h u o d i n sea te lande 683. that .. thia uuisun man .. fuorun im odhran uueg 781.

g a n g a n : g e h n: uui gengun after them bocne herod uuegos endi uualdos huuilon 603.

l i t h a n : s c h i f f e n: thuo uuelda hie thar ena meri lithan . . uualdand enna uuagostrom 2233 f. vgl. lagolithanda 2918. 2964. seolithandiun 2909. uuaglithand 2913.

o f - s t a p a n : h i n a u f s t e i g e n : thuo hie thuo that land ofstuop (afstop M) 984.

s t i g a n : s t e i g e n: thuo sia an thena hohan uual stigun sten endi berg 3117.

b i - g a n g a n begehn, in der übertragenen bedeutung h ü t e n: huand hie that hus godes . . b. scolda 4164.

Auch sonst kommen wohl noch derartige versteckte accusative vor, z. b. 718 uuarun gihuorbhan ostar an iro vodhil. Wie 3458: giuuitit im than uppuuego, dies „uppuuego" erklärt werden muss, ist mir nicht klar.

§ 33.

2. Der accusativ bezeichnet das räumliche ziel der handlung.

g i f a r a n: that hie . . scolda . . gifaran is . fader vodhil (odil M) : zu seines vaters heimwesen ziehen 4497.

g i - s t i g a n: that hie muoti eno uup gistigan ho himilriki : ins hohe himmelreich hinaufsteigen 1500.

Kap. II.
Temporaler accusativ.
§ 34.

Der accusativ bezeichnet die zeit der handlung, er bestimmt dieselbe n a c h i h r e m z e i t l i c h e n u m f a n g e und steht gewöhnlich auf die frage „wie lange?" nu uuit iu so managan dag u u a r u n an thesaro uueroldi 156. ni tharft thu stum uuesan langron huila 170. thuo uuas siu uuidua after thiu at them fridhuuihe fiuuar endi ahtoda uuintro 513. uuas im thar an thero enodi . . langa huila 1028. uuas . . an fastunnea fiortig nahto 1053. uuas im an sinuueldie . . langa huila 1122. thie uuas err so managan dag lithouuastmon belamod 2300. thie hier ena huila uuaron an thinon uuerke 3439. uuas im thar . . tua naht endi dagas 3981. ac uuas thar uuerodes so filo umbi erlscipi antlangana dag 4225. uuas thar folc umbi allan langan dag 4232. uuas im . . iungro Cristes managa huila 5717. b i d u n allan dag 174. thia hier nu lango bidun . . managa huila 521. bed . . thritig iaro 843. so muosta siu . . b o d l u g i u u a l d a n sibhun uuinter saman 510. them uueroda allan dag . . c u t d a 874. Judeo liuodeon allan langan dag l e r a s a g d a 2080. l e r d a allan langan dag liudi managa 2817. allan langan dag liudi managa d o p t a 966. dopta allan langan dag druhtfolc mikil 978. huand sia so lango l e o h t e s t h o l o d u n, managa huila 3551. b i f o l a h a n u u a s fiuuar naht endi dagos an them erthgrabhe 4084, ä. 4131. samad mid mi u u a c o n ena tid 4778. that er . . managan dag hel h a n g o d a 5665. that sia thia hafton man . . hangon ni lietin lengerun huila 5691. ne uuandun ira f e r a e g a n, lif langerun huil 5802. thia obhar themo grabhe s a t u n alla langa naht 5875. thie habhda an them uuihe so filo uuintro endi sumaro g i l i b d 465.

Dagegen haben wir 144 „huand uuit habdun aldres er efno tuendig uuintro an unco uueroldi" schon s. 30 angeführt.

Da der acc. an sich nicht die zeitdauer ausdrückt, sondern die handlung nur zeitlich bestimmt, so kann er auch auf andere fragen als „wie lange?" stehn und dies scheint mir in den übrigen beispielen der fall zu sein, sagen wir ja auch jetzt noch „den ersten januar kommt er" u. ä.: so hie mancunnea manega huila . . forgebhan habda = **manchmal verheissen hatte** 245. so is er managan dag bilithi uuarun endi bocno filo giuuordhan an thesaro uueroldi = **vorher an manchem tage oder manchen tag vorher** vgl. lat. abhinc multos dies, 372. im habhda giuuisid uualdandes craft langa huila that, = **vor langer zeit oder lange zeit vorher** 470. ä. 487 so mi gihetan uuas langa huila.

Kap. III.
Accusativ der beziehung.
(determinierender accusativ).

§ 35.

Bei verben findet sich kein beispiel, doch kann man vielleicht einige stellen hierher rechnen, wo dieser accusativ, falls es ein solcher ist, mit einem adjektiv verbunden ist, das er seinem umfange nach determiniert, da nicht der adjektivbegriff absolut, sondern nur in gewisser beziehung gültigkeit haben soll. man hat diesen accusativ deshalb nicht unpassend den der beziehung genannt, und diese bezeichnung behalte ich zur vermeidung neuer termini bei, sonst möchte ich ihn den determierenden accusativ — determinierend in engerem sinne, da in weiterem sinne ja alle accusative determinieren — nennen.

Solche versteckte accusative mögen sein: buokspaha uueros 352. uuordspaha uueros 563. 1150. muodspahna man 1192. uuorduuise man 1432 M. slidhmuod cuning 630. saragmuod 1114. fraomuod 1163. fromuod 2062. gramherta Judeon 2320. uuekmuod 4693. gelhert 5572 u. ä.

Delbrück a. o. 33 vermutet, dass die adjektive in diesen konstruktionen sich der analogie der verba angeschlossen haben, und sieht den grund, aus welchem dieser acc nicht in allen indogerm. sprachen erscheint, in der konkurrenz des instrumentalis, der auch im altsächs. häufig diese verwendung zeigt, vgl. verf. „dat. u. instr. im Hel." 52 u. 66. daneben kommt dann freilich noch der genitiv in betracht, z. b. spracono so spahi 572, und ebenso präpositionen, z. b. that uuit sind an uncro siuni gislekit endi an unkon sidon lat 152. that thuo Malchus uuarth.. an thia suithran half suerdu gimalod 4876. hie uuarth an that hobhid uund 4877.

III. Abschnitt.

Adverbial bestimmender accusativ.

Seiner entstehung nach muss er meist auf den qualitativ bestimmenden acc., seltener auf den der beziehung oder den quantitativ bestimmenden zurückgeführt werden, doch ist es mir für mein begrenztes gebiet nicht in jedem einzelnen falle möglich gewesen zu behaupten, der adverbiale acc. gehe auf diese oder jene bestimmte gebrauchsart des accus. zurück. aus diesem grunde stelle ich alle fälle, in denen mir kein lebendiger accusativgebrauch mehr vorzuliegen scheint, einfach zusammen und begnüge mich mit einer rein äusserlichen anordnung des stoffes.

§ 36.

1. Adverbial gebrauchte accusative von substantiven.
  that sia thes ne uuord ne uuerc uuiht ni forlietin 2034. that sia thes ne uuord ne uuerc uuiht ni forlatat 2116 (acc. der beziehung) vgl. 541 uuas im so bihaldan forth mid uuordon endi mid uuercon — Aehnlich: nis mi hugi tuifli, ne uuord ne uuisa 288 = weder in beziehung dessen was ich zu reden, noch dessen was ich zu thun habe; doch können es auch nominative sein.
  thoh hie si unmet grot = ein unmass gross 3299. ferid unmet grot hungar hetigrim 4329. tholodun .. unmet het (etwas im unmass heisses 3437. (acc. des masses,

von dem sich, wie bereits p. 6 oben bemerkt, sonst kein beispiel findet).

uuar = wahrheit: that hie so uuar gisprac 4159, ä. 4163. (inneres objekt).

Häufiger steht uuiht:
thar im uuind ni mag . . uuiht gitiunean (inn. obj.) 1810. ne ik thi get ni deriu uuiht (inn. obj.) 3892. bethiu hie thes uuiht ni bisprac (desgl.) 4923. thoh sia thero seolun ni mugun uuiht auuerdian (inn. obj.?) 1907. — that sia ne bescribhun iouuiht grimmera dadio 5311. ne bescribhun giouuiht thia man umbi menuuerc 752. that sia im uuedares giuuin uuiht ni andredin 2252. ni scal ina forgumon eouuiht 3219. ne uuardoda im nieuuiht thia suarun sundiun 5471. ne sculun us belgan uuiht 4895. ne balg ina niouuiht 5120. that ni mag iu enig fiond beniman, neouuiht (neuuiht M) anuuendan 1649. ne mahte is lichamon uuiht geunaldan M, uuihti C 2302. that it them ecson nuiht after ni muosta uuerthan te uuilleon 2404. ne uuas iu uuerth iouuiht that gi min gihogdin 4429.

§ 37.

2. Neutra von adjektiven und pronominibus.

filo:

a) thie thar consta f. mahlean 229. f. grornoda thiu godes thiorna 1805. im f. sagda be hilithon 2370. gihordun ina be bilithon . . filo . . tellian 2539. ik mag thi f. seggian 3103, ä. 3914.

b) thia ni thurbun mid nuordon so f. hruopan te helpu 1923. thuo sia so f. hreopun 3645. te hui sprikis thu thes, uuibh, so filo 2026. ni sprac im gio thiu thiudo so f. mid luginon 5078.

c) ne forohteat te filo 4706. thius thiod gilobhit te filo, thit uuerod after is uuordon 5755. that sea thesaro uueroldes so filo uuilleon fulgengun 1358. oc sculun gi iu uuardon filo listeon 1734.

d) sagda filo langsamana rad 4528. filouuiso (filuuise M) mann 624.

Die beispiele unter a u. b können noch als accusative des inn. objektes gelten, während die unter c. u. d. mehr oder minder zu reinen adverbien geworden sind.

mer: ik duon thi mera thar tuo 3250. endi mohta githenkean (athengean M) mer, gilestian 646. merr sorogot 2517. simla mer endi mer .. hludo hreopun 3570. te drohtine forth mer after thiu mahtigna gruotta 4758. thie gio merr .. gilobhon habdi 2128. so neo Judeon .. thiu merr ni gilobdun 2286. truodun sia sithor thiu mer an is mundburd 2070 — that gio mannes suno mer gisauui is selbhes uuord seror hreuuan 5009. thiu mer hie uurthi them hudion thar iungon te gamme 5293 that uuirthit thit rinco folc mer gimerrit 5760. than mer the thiu burh ni mag .. biholan uuerthan 1394.

thes hie mest bitharf 2525. thia suasostun mest 202. that lezt: thia th. l. uuarun .: cumana 3427.

gilic: thie gilico duot nuison manne 1805. so duot hie unuuison erle g. 1812. huitero sunnun luhtian g. 2606. than man im allon gof them liudeon g. 3434 — mi thunkit an is uuisu gilik iac an is gibarie 211. thoh sia thar alla gilico gelubha (gleich gläubig) ni quamin 1221 C.

sulic: that hie .. gisprikit .. s. so 1761.

self: deda is uuibh so selu 78. duo thina iungron so self 1594. so huie so mi (min M) than forlognid .. so duon ik is an himile so self 1972 — te them uuinde sprak ge te them seuua so self 2257. so helda hie thia haltun man endi thia habhon so self 2357. thina dadi sind .. uualdande uuertha endi thin uuord so self 117. us is thinera huldi tharf endi thinero uuordo so self 1589. huand hie habid bethies giuuald ., endi thera seolun so self 1972. an Habrahames endi an Isaaces so self .. barmon restian 2135.

huat: huat sia that helaga barn hetan scoldin 234. huat quidhis thu umbi godi (godon M) 3263 — huat (weshalb oder weswegen) gi mi thesan haftan mann .. sendun 5314. - Häufig steht es als interjektion, z. b. 556 huat, ginethnanan ferran sind, vgl. 825. 1089. 1667. 2388. 2419. 2550 cet.

that = dass. „wo das pronomen in der allgemein obliquen stellung im satze erscheint, wird es zur partikel", Hübschm. a. o. 203. z. b. 95 thuo uuarth thiu tid cuman .. that scolda thena uuih godas Zacharias bisehan. hueder (fragpartikel in direkten u. indir. fragen): hueder ledeat gi uundan gold 555. ne ruokeat, huedher git hes enigan thanc antfahan eftha lon 1541. vgl. 3848. 5207.

all 1) gänzlich: it is unc all ti lat so te giuuinnanne 142. thuo uuarth thes uuibhes hugi .. all gihuorban an godes uuilleon 282. sea (acc.) so subro druog all te huldi godes 335. al ankenda Joseph godes tekan 775. sum babhit all te thiu is muod gilatan 2517. cet. 2) all so = ganz so wie: all so hie it .. gisprac 38. vgl. 191. 529. 681. 694. 779. 873. 963. 994. 1029. 1159. 1609. 2157. 2763. 2972. cet.

reht so = cum forte: reht so hie thuo that uuord gisprac 409. 967. 2048. 2221 cet.

than hald = quo magis: th. h. ni sculun gi iuua helag uuord .. dernean 1409. vgl. 2642.

§ 38.
3. Sonstige accusativisch empfundene temporale adverbialausdrücke.

lang, leng: than lang thie hie thena drohscepi thar .. egan muosta 363. so hie thar muoses ni anbet, than lang ni gidorstun im .. nahor 1055. so lango 176. huo lango 4286. so lango so 311. 1859 cet. leng libhbhean 311. 1859 cet.

io, gio, nio u ä. sehr häufig.

sidh noh err 734. sithor 559. 571. 581 cet.
er ist 39. 446. 634 cet.

§ 39.
II. Hauptteil.

NOTWENDIGER ACCUSATIV.

Kap. I.
1. Verba der gemütsbewegung.
Sie stellen wir an die spitze, weil viele von ihnen

insofern lehrreich sind, als man bei ihnen die weiterentwickelung des freiwilligen acc. zum notwendigen verfolgen kann: zunächst ist es ein deutlicher inhaltsaccusativ, dann wenigstens der eines abstraktums und schliesslich eine sache oder person. so

a) bei den verben des fürchtens.

an-dradan: tha biginnit hie im uuiti a. 3495. that im thia uuardos uuiht ni andriedin lethes 396 — thes billes biti 4852. thes uuedares giuuin 2252. thero manno nith 1903 — diop uuater 2943. uualdand god 1907.

forhtian: ni fortiat (forhteat M) iro fiondscepi 1904. fader iuuuan 1908. that folcscipi 3943.

Noch näher stehn dem freiwilligen accusativ

b) die verba des beklagens und bejammerns.

kumian: iro kindes dot 2185. sia (thia dadi) 3500. Lazaruses farlust 4070. iuuua uurethan uuerc 5521

karon: iro kindes dot 2185. fera barnes thines 2197. kindiunges dot, Lazaruses farlust 4018, is selbes uuord 5010.

that gio mannes suno mer gisauui is selbhes uuord seror hreuuan, karon efta cumian 5010.

uuopian: kindiungero qualm 745. iro uuammon dadi 1307. uuanscefti 1352. sia (thia dadi) 3499. is selbhes uuord, uuanscefti 5003. huat siu so sero biuuiepi 5921.

§ 40.

Denselben übergang kann man wahrnehmen

c) bei den verben des lobens, preisens, tadelns u. ä.

lobhon ؛ loben: lobhoda im (verkündigte lobend) uuord godes 955. them liudeon lera Cristes, helag uuord godes 5 — is uuerk 2227 — almahtigna god 416. uualdand god . . himiliscan fader 1402. iu 1570. 1633. thena folco ᛫ drohtin 2208. hebancuning 2874. thena landes uuard 3711.

diurian = preisen: uualdandes craft 3729. is dadi C, usan drohtin M 3584 — drohtin 26. 2966. 3722. so motun gi thar gidiurida uuesan 3319. that iu thes man ni lobhon, ni diurean thero dadi 1570.

lahan = tadeln: im iro dadi, uurethero uuilleon 954. im thia dad 3994. im is grimmun uuerc 3229. firinuuerc . . suara sundea 1851, ä. 1873. im that men 1359. im thia brud 2714 — thena leriand 3933.

sacan = tadeln: sac ina suothuuordon 3230.

be-sprekan = tadeln: bisprakun that thuo uuordu gihuiliku 4190. bethiu hie thes uuiht ni bisprac 4923 — enigan man 703.

uurecan = bestrafen: that hie it mid lethon angegin unordon uuraki 5079. uureda dádi 1533. sulic men 5365. thia dad uurecan grimma an them Judeon 5539.

uuitan = vorwerfen: ne uuit thu that theson uuerode (d. acc. kann freiwillig sein) 5159.

hetian = verwünschen: breda logna 2461.

bi-hlahan = verspotten: geng bihlagan mid hoscu 5300.

gi-throon = bedrohen: ina 5323.

d) Verba des liebens und hassens.

friehan (frahon M) = lieben: is friundo gihuena 1451.

minnion = lieben: lioht godes 4253. is naiston 1448. iuuua fiond 1454. sia so milda so man is muoder scal 5618. sia 318. ina 2535. thia 3969. iu 4654.

haton = hassen: is fiond 1451. neriendon Crist 5422.

Kap. II.

2. Verba geistiger oder sinnlicher bedeutung, deren einwirkung ausschliesslich oder vorzugsweise auf ein persönliches objekt gerichtet ist.

§ 41.

a) trösten, besänftigen, aussöhnen und das gegenteil.

frubrean = trösten: thiu uuibh 4017. thie scal iu gifruofrean 4709.

gi-flihian = besänftigen: is muod te thiu 1459.

gi-suoniau ≠ aussöhnen: er scalt thu thi simla g. 1469. uuidh liudeo barn thea saca (freiw. acc.?) 1627.

merrian = ärgern, stören: thesa liudi 5187. than uuirthit thit rinco folc mer gim. 5759. gimerrid uuarun iro thes muodgithahti 5919 — a-merrian: sia 3728.

far-scundian = aufreizen: thia scola 5310.

uuerran = zwieträchtig machen: hie uuirridh im is uueruldriki 5364. thuo thit riki uuas .. gituiflid .. uuerod giuuorran 5751 f. thuo˘ uuarth hugi Josepes, is muod giuuorrid 295 C.

a-lethian = verleiden: uualdan Crist them liudun 1231. uuirthit .. liudeon alethid 1380.

b) ehren, lohnen, beschenken u. ä.

gi-uuerdon = ehren. giuuerdot thinan uuillean M, giuuirthot C 4037.

lonon = lohnen: that sia (die gabe) iu god lono 1543. the ina (iunan uuelon) iu .. ne lonon 1553. thi thinan gilobon 3083, ä. 4416. uuirthit im is arabhedi all gilonot, fargoldan mid guodu 3459.

gi-fehon = mit freude ausstatten: uuas that land fronisco gifehod 2397.

eron = beschenken: arma man 1540. thi 2755.

gebhon = beschenken: iu mid allaro guodo gihuilikon 1688. mid thius scoldis thu us hindag er g. endi gomean (beschenken und bewirten) 2064.

tuithon ≠ compotem facere, in den besitz bringen: ef thu mi thero bedu tuithos (tugithos M), min uuord fur thesom uuerode, than uuelliu ik cet. 2752. Rückert setzt „min uuord" auf gleiche stufe mit .',,thero bedu", vielleicht aber steht es elliptisch = mein wort zum pfande!

§ 42.

c. anklagen, verurteilen.

uuerran u. uurogian = anklagen: thena godes suno uuurrun endi uuruogdun 5284. tha thi hier uurogdun te mi 3885. thena godes suno uuruogduu 5238. uurogdun ina mid uuordon 5245.

a-delian = verurteilen: ina te dodhe 5066. 5109.

far-tellian = verurteilen: tuena fartalda man 5561.

§ 43.

d) nennen, anreden, fragen, bitten, mahnen, beschwören, einladen, locken, zwingen.

nemnian = nennen: sia bi naman 1255. thia (die burg) is aftur themu manen ginemnid M, ginamod C 3626.

grotian = anreden: 257. 672. 819. 990. 1057. 1064. 1156. 1593. 1597. 2748. 2996. 3036. 3138. 3187. 4391. 4529. 4560. 4722. 4740. 4746. 4758. 1776. 4798. 4804. 5074. 5341. 5566. 5591. 5617. 5814. 5926. 5929.

queddian = anreden: sia fan gode 258. ina 551. 5502. cussiu ina endi queddiu 4820. is herron 4830. sia 5951.

fregnan = fragen: hie sia 615, ä. 4893.

fragon u. nebenformen = fragen. 1) nur c. acc. pers.: Criste 5082. 2) bei folg. direkter od. ind. frage: sia 2771. 2839. all (alle M) iu 3038. thiodon sinan 3242. Jesum Crist 3257. thi 3807. sie 3825. ina 3846. 4286. 4605. 4835. 4971. 5204. 5276. sia 3883. gruotta thena godes suno endi fragoda 5341. thia heri Judheono, that folc 5409. thiu uuibh 5848. thik 5924 — 3) acc. pers. et gen rei: es thiena fader 228. is holdan herron 2418. sea uuisaro uuordo (falls d. gen. nicht instrumental) 815.

gi-mahlian = sich anverloben: sia en thegan habhda Joseph gimablid 253.

biddian = bitten. 1) c. acc. pers.: ina 1579. 1794 — 2) c. acc. pers. et gen rei: gi thes drohtin sculun uualdand b. 1790. vgl. 2756. 2772. 4037. 5540 —

3) bei folg. inf.: ina gerno bad helpan helagna 2094. badun .. drohtin antlucan thia lera 2858. seggian bad lieban herron 3307. — 4) bei folg. abhängig. satz: 480. 690. 2121. 2986. 2990. 2997. 3500. 3574. 4740. 5084. 5598.

fergon = bitten: mi thesaro heriduomo halbharo 2757. ni uuelliu ik es sia thiggean nu, f. thit folcscipi 3535. the man ina gerno bidit, fergot firio barn 1794. thiggean = bitten: uualdand god . . herron is huldi 98. es sia 3535. ino gerno bat 5723.

manon = mahnen: mi 2027. ina . . liggandan lamon 2330. ina 3471. 5163. thena marion mahtigna god 4886 — iu thero mahlo 4710. mahtigna manno frumono 4802.

gi-manon: ina 89. 3486: sia 336. sia . . Mariun 368. sea 423 — manno gihuilican thero hobbidscatto 3188. ina . . thena armon man is endago 3347.

gi-haldan = anhalten zu: the ina (refl.) hier gihaldit, that 2645. te thiu is seola 2543.

bi-suerian = beschwören: ina be im selbhon 5083.

lathian (ladoian M) = einladen: sulic gisitho folc an that lioht godes 2815.

gi-biddean = bitten: thar hie te enon gomon uuarth gibedan 1995.

spanan = locken: ef hie latit ina is muod sp. 1480. huand sia tharod iro muod spanit, uueroldlusta uueros 1775. an sundea . . man an menuuerk 1032. ina an firina 1493. an thena sith . . gestos an godes uuang 1865 — thes sia an iro muod spanit 1354.

gi-spanan: the sia iro mod gespon, that 1. thena uueroldcuning 2718 habhdun thuo thia aramun man alla gispanana 5414.

for-spanan = verlocken: ina an unspuod 3453. thena habdun sia . . farspanan mid spracon 5647.

brengian = dahin bringen: andthat sia ina **brengiat** that 2483.

bedian = zwingen zu: ina . balnuuerko 1945. drohtin Crist dodes 5699.

§ 44.

e) lehren, erziehen, bekehren, regieren u. ä.

lerian = lehren: liudi sina 1382. iu 1599. thia liudi 1892. 3409. 3909. 3961. liudi managa, elithiodiga man 2818. thesa liudi 3050. thia is guodun iungron 3224. mi 3278 — Beifolg. abhängig. satz: thesa liudi, huo 854. 897, ä. 1289. 1985. iu, that 1532 — Bei folg. inf.: that thu us bedon leris iungron thina 1590.

tiohan = erziehen: that gi it (d. kind) . . tugin thuru treuua 131 — thar hie afuodit uuas, tirlico atogan 1137.

uuennian = gewöhnen: sia hier mid uuilleon 2831. ä. 2817. habda im thero liudeo so filo giuuenid 2368.

rekon = bereiten: thit land, thit uuord (uuerod M) after is uuilleon 932 — Sächl. obj. 3750 that helaga hus.

gi-huerbhian = bekehren: huo hie odarna eft gihuerbhie menndadigon man 2432.

uuendan = wenden: liudfolc manag . . after minon uuilleon 1367. thuo uuarth thar gumono so filo giuuendid after is uuillien 4256.

rihtian = regieren: Judeono gumscepi 628 that riki 5128.

gi-haldan = regieren: radburdeon Judeono liudi 72.

§ 45-

f) fördern, pflegen, retten, schützen:

frummian = fördern: sia ne muosta helitho than mer, firiho barno f. 15. sia frumida thie mahta 659. that hie sulic folcscipi f. mosti, that 2979. uualdand frumida, hren sia thuo mid is handon 3578.

bi-sorogon = besorgen, warten: sea an is gisitha 334. so managaro seola 1864. seola managa 1866.

haldan. 1) pflegen: it (d. kind) 130. that helaga barn 385. ina 317. 448. sea 320. 327. 333. thena 1870 — 2) retten: huand sia (eure seele) fader iuuua haldit 1912 - 3) in eigentl. sinne: that sia .. haldat thi under iro handon 1089.

gi-haldan = retten: liet sia eft gihaldana thanan uuendan 2226. cum thi than gihaldan te mi 3288. vgl. 2808. 4059.

bi-haldan = erhalten: hua man thia (die seele) bihalde (gehalde M) te hebhanrikie 1867. that hord 2518. thit uueroldriki 2885.

ant=hebbian = erhalten: ina is selbhes craft 2922: thena man 2942. sia .. helithos be hungres githuinge 2823. anthabhit it (das haus) thiu stedi nithana 1813.

uuardon = behüten: that helaga barn 385.

uuaron. 1) schützen: thiu uuaglithand 2913 — 2) heimsuchen: so huar so ik gisauui uuarlico thena helagna gest .. enigan man uuaron 1101.

far-standan = verteidigen: ina mid stridu 4474.

sikoron = sichern vor: allero manno gihuena mengithahto, sundeono .. so huena so 891.

bi-uuerian = schützen gegen: that thu sia .. uuamscathon biuueri 2992. habda sia forfangana fiundo crafte (craftu M) uuamscathon biuuerid 3032.

unit-fahan = entreissen, schützen gegen: ina (sie M) uuamscathon, fiondon 1871 — Ähulich antfuorian: that barn godes fiendan 714.

uurethian = schützen: anthabhit it (d. haus) thiu stedi nithana, uurethid uuidher uuinde 1813.

§ 46.

g) erretten, erlösen, befreien.

nerian = erretten: that kind after (af M) thero nodi 2101, ä. 2957 M. 3564. 5308. 5569. neuan that ina nerida god mid is hiuuiskie 4364.

gi-nerian: ina uuidh iro nithe 754. sia fan thero nodi 2264. that hie ina thuo gineridi 2949. ef nu uuerthan ni mag mancunni g. 4761.

losian = erlösen: af thero lefhedi liudi managa 1214. sia 3538. iu te godes rike 4641. liudeo barn 4921.

a-losian: al liudstamna, uuerod fon uuitie 248. thia liude 523. thesa uuerold alla .. hellia githuinges liudi 5432. ina (refl.) 2148.

loson: ina lethero uuerco 1718.

tuomian = befreien: iu sundeono 1575, ä. 3744. ina selbhan sundiono C 1717, atuomian M.

a-tuomian: manno barn morthies 5308. thik nithes 5569. sia af sulicon suhteon 2991. ina fan naglon 5732.

ant-bindan = befreien: so managan lichamon balusuhteo 3079. so huena so thu eft a. uuili (von der sünde) 3079.

a-latan = befreien: sea lethas 100. iu lethes thinges 1567, lethes 1614. us managoro mennsculdeo 1608. ina lethes thinges, sacono endi sundiono 5036.

for-latan = freilassen: mi 5091. ina 5354. thesana 5377.

§ 47.

h) **vernachlässigen, verachten, verwerfen, verraten.**

far-gumon = vernachlässigen: ina 3219.

for-huggian = verachten: sia 320. ina so helagna 2659. thia armostun eldibarno 4436. is uuord 5364.

for-munan = verachten: ina 2658. 3220. 5286. 5385. ac thu farmanst mina mundburd 4689.

fàr-muodian = verachten: sulica menigi 2846.

uuidhar-uuerpan = verwerfen: thia iu hier uuidharuuerpat 1956 — thero furisagono uuord 1432.

far-uuisian = verraten: ina.. uuretharo thiedi 4493.

i) hindern, schädigen, betrügen, verführen, verderben.

lettian = hindern: sia thes gilobon 3649. thia liudi 3725. letit mi min lichamo 4783.

derian = schädigen: ni scal iu hier d. oouuiht 3158. ne ik thi geth ni deriu uuiht 3892.

be-driogan = betrügen: bedrogan hebbiat sia dernia uuihtia 2989. Adame C, Adaman M 4046. that thar man nigen b. ni uuerthe 1886.

far-ledian = verführen: 1035. 1479. 1484. 1506. 1610. 2502. 5186. 5316.

bi-suikan = verführen: thesa uuerold .. man 1312. athres idis .. uuibh 1477. ina 1048. iu 1736. 1879. sia 3598. that thar man nigen .. bidrogan ni uuerthe, bisuikan 1886.

far-uuinnan = verführen: that sia thie eno man so alla uueldi uuerod f. 4175.

far-hueribhian = verkehren: thius uuerold uuas thuo so farhueribhid 3609.

a-fehian = in blutschuld versetzen (Rükkert): than is hie san afehid 1871.

for-gripan = ins verderben reissen: thia forgriponon 2638. thea forgriponon man 4445.

farfehon = vernichten: farfehod (farfioth M) thin folcscipi fiures lioman 3698.

a-uuardian = verderben: thesaro liudeo so filo, uuerodes 2587. iuues uuerodes so filo 5316 — iu modgethahti .. uuillean M 1881 (auuendean C). is hugiscefti, giuuit 2275. thoh sia thero seolun ni mugun nuiht a. 1907. it (den schatz) 1645. thes cornes te filo kitho 2563. auuerda mi thena uuastom 2237.

far-niman = hinraffen: uurth Erodase thena cuning 762. thena the err dodh fornam 2218. sia eft uurth 3633. thena thi er suht fornam 4111 — thuo it (das korn) thes uuerodes farnam thes folkes fard mikil

4201. fornam ina (thena uuaston) eft thero liudio fard 2507.

far-terian = verzehren (von den elementen): liudi 4363. gie land gie liudi 4372

§ 48.

k) berauben.

ahtian: is aldres sc. that barn godes 704. mi mines aldres 3085. sia ira aldres 3846. ferahes Crist 5329. be-delian: sia iuuuera diurtha 4439. thau scal Judeono filu, theses rikeas suni berobode uuerden, bedelide sulicoro diurtho M, biduelida C 2138 f.
bi-losian. 1) c. gen. rei: libhes ina 1442. uuart ald gumo spraka b. 172 — 2) c. instr. rei: odherna libhu 1434. hobhda (hobhdo M) erl odherna 1446. that barn godes libhu 2675. ina ferahu 2725. thena godes man libu 2780. mi libu 3090. 3531. 3947. enna man aldru 4154 — Der acc. ist zu ergänzen 5068 f.: that sia imo uuiti bethiu adelian gidorstin eftha dot frummian libhu bilosian.

bi-niman: unc alleanladi 151 — kindo so filo hobdu 729. sia giuuittiu 2990. sia ferahu 3844. ina thiu ferhu 5367. sea libhu 305. sie libu 3860 M, thi libu 3887. *)

bi-niotan: odherna aldru 1434. thena lichamon libu 1905.

bi-hauuan = hauend berauben: manno thena mariston . . hobdu 1905.

Kap. III.

Besonders behandeln wir

3. Verba sinnlicher bedeutung, welche vorzugsweise ein körperliches einwirken auf personen bezeichnen.

§ 49.

a) taufen, waschen, salben, speisen, kleiden u. a.

------
*) Die 3 letzten beispiele, welche ich in meiner darstellung des instr. in dem verzeichnis der instrumentalformen richtig aufgeführt habe, sind dort p. 54 leider vergessen.

dopian = taufen: sia 954. liudi managa 966. druhtfolc mikil . . endi oc uualdan Crist 978. uueros 1001. uuerod 3047. gi=dopean: iu 882. 889 M.
thuahan = waschen: ina 5475. is iungrono fuoti 4506, ä. 4509. 4512.
suerbhan = abwischen: sia (die füsse) 4506.
drucnian = trocknen: sia (die füsse) 4507.
salbhon = salben: thena lichamon liobhes herren, suno drohtines 5787.
cussian = küssen: ina 4820. 4831.
leccon (likkon M) = lecken: is likuundun 3345.
a-leskian = kühlen: tungun mina 3372.
fodian = ernähren: ina . . managero drohtin 438. ina . . thena man 1862. thena leriand 1859. is hundos met thiu 3017.
bi-murnian = versorgen: thena lichamon muosu 1868.
rouon = bekleiden: ina rodes lacanes 5497.
uuadian = kleiden: ina (die lilie) 1681.
bi-uuindan = umwickeln: ina mid uuadi 379. ina an line 5734. uuas im biuundan thuo noh 4100.
scadoian (scadouuan M) = beschatten: uualdandes craft thi 278.
okan = schwängern: that sea habda giocana thes alouualdon craft 294.

§ 50.

b) wecken, berühren, greifen u. ä.
uuekkian = wecken: landes uuard 2246. sia 4776.
a-uuekkian: ina 4008. 4132 — uuirdhit . . hugi auuekit mid uuinu 2053.
fur-faran = überholen: hie habit sia iu furfarana 5865.
hrinan = berühren: ina 2329. 4472. sia 3579.
ant-hrinan: ina 2199. 5934. that barn godes 5390.
be-hrinan: sia 3156.
hruorian = rühren: is lithi 4099. — In übertrag. sinne u. passiver konstr.: hugi 4072. muod 4749.

bi-getan = ergreifen: ina 4847.
gripan = greifen: ina 5951.
undar-gripan = erfassen: habhdun im thes mannes hugi gramon undargripana (— panen M) 5164.
fahan = fangen: ina 2721. 3940. 1227. thena 4821. 4912. mi 4906.
gi-fahan: that hie ina san gifengi 4173 — haddun thia liudi an tue mid iro gilobhen gifangan 3900.
far-fahan: ef sia ina forfengin 3796. that gi .. uuelliat mi f 3819. that sia ina forfengin 3836. uuoldun ina .. uuordon f. 3856. that sia ne farfengin thar erlos odhran man 4819.
c) drängen, bezwingen, binden.
thringan = drängen: ina thia liudi 2384. it (das korn) tha thornos 2412. it (das gebot) thie uuelo 2521.
uuerran = bedrängen: thena godes suno 5283.
bi-thuingan = bezwingen: thiedo gihuilica 56· bithuungan: an thiestre 3600, mid thurstu 3912, thurstu endi hungru 4398, an sulicon tharbhon 4404, 4406.
nodian = einzwängen: agebhan uuarth .. an herubendion narauo ginodid 5489.
bindan = binden: mi 3085. ina 4822. is herron 4868 — herren thines hendi 4984. it te burthinnion (das unkraut zu bündeln) 2572. bundun briostgithaht 4856.
gi-bindan: huena thu hier .. g. uuellies 3076 — geng handon gibundan 4930. thar hie gibundan stuod 4991. ä. 1895. 5431. thar uuerthat mina hendi g. 3526· uuarun im is fadmas g. 5118.
heftian · fesseln: is heita 2524. hendi tesamne 4917 — thann ik giheftid uuas 4426, ä. 5401. thar ik giheftid stuod 5053. 5389.
be-clemmian = einschliessen: beclemmid an carcre 4400.
bi-lucan. 1) einschliessen: ina lithocospon 2721. thi an carcaries clustron 4680. than ik giheftid uuas. an lithocospon b. 4427 — 2) verschliessen: mid

enu felisu allaro grabo guodlicost 5741 — them ist himilriki b. 3078.

§ 51.

d) peinigen, verwunden, schlagen, töten.
gi-uuarogian (uuarogean M) ; peinigen: ina 2512.
serian ; versehren: giserid midi suhtion 2272. vgl. 5578.
uuegian ; peinigen: thena rikion Crist 2668. mik 3087. 3530. 4423. so man mik ni gaui . . te uuegianne te uundron 5223 f.; thi 3887. ina 3176. 5066. bithiu liet hie ina thia lethun thiod uuegian te uundron 5384. vgl. 4762. 5329. ik standu . . uundron giuuegid 5638.
gi-malon ; zeichnen: that thuo Malchus uuarth . . suerdu gimalod 5875.
uuritan ; verwunden: suno drohtines . . uuundun uuritan ; uuritanan 5789.
for-hauuan ; verhauen: thiu hlust uuarth im f. 4877.
be-brecan ; zerbrechen: sia benon (an den beinen) 5696.
brecan: stes thi hier . . gibruocan an bome 5591.
hahan ; hängen: that helaga barn 5420.
neglian ; annageln: thie thar neglid stuod an niunon galgon 5552. Mit nägeln versehen: neglidscipu 1186. negilid sper 5704.
be-neglian: beneglida stuodun theobos tuena 5693.
slahan 1) anschlagen: Crist an cruci 5329, ä. 5820. 5859. uuirthit an cruci gislagan 4462 — 2) schlagen: ina an is uuangun 5114 — 3) erschlagen: that thu man ni slah 3269 ina sundia losan 5467.
a-slahan ; erschlagen: thena lichamon mid suerdu 1905. ina sundia losan 4471.
gi-hauuan ; hauen: thi hie . . giheu 4981.
fillian ; schlagen: ina 5493.
a-uuerpan ; tot werfen: sia 3853. thi 3990.
quellian ; töten: sia 3848. thik 5346. that im . .

lif ne binamin, ne quelidm (sc. ina) au crucie 5437. uualdand Crist 5417. that barn godes 5534. thena thi hier quelidun 5820. ina 5359. a-quellian: mahtigna Crist selbhon 754.

quelmian ≠ töten: thie thar giquelmid stuod 5725. spildian ≠ töten: gisahun iro megi sp. 737. us her an speres ordun 4862. thik 5346. uuitnon ≠ töten: ina uuapnon 500, uuapnes eggion 5135. 5243. unsculdiga scola 752. mi 3945. thik thinero uuordo 3939. ina craftigna thero uuordo 4223. gi-uuitnon: so huethares helagna Crist thero uuordo 3863.

e) begraben.
bigraban: ina an sande, liobhes lichamon 2795. ina an gramono hem 3359. gumon 3738.
bi-delbhan: ina 4058. thena thi .. sia bidulbun diopo 4111. iu 5528 — hie an erthu uuas .. dod bidoluan 4132. nu ligidh hie .. diopo b. 5754.
bi-felhan: thena likhamon foldu 5724. that barn godes .. lico helgost 2738 — In passiver konstr. 4059. 4074. 4084. 4130.

Kap. IV.

4. Verba sinnlicher bedeutung, deren einwirkung auf ein objekt vorzugsweise eine räumliche ist.

§ 52.

a) nehmen, tragen, bringen, geben, führen, senden, setzen, legen, werfen u. ä.
niman ≠ nehmen. 1) mit präpositionalbestimmung: that bruoder brud an is bed 2713. ina sundar te thi thena rinc an runa 3225 - thia buok an hand 235. an is ahslun is bedgiuuadi 2302. thena kelic an hand 4764. that is silubhar an hand 5148. sia an ena spunsia 5648 — 2) ohne solche: thuo ina thiu modar nam 378. thuo namun ina uuretha mann so gibundanan that barn godes 5121, ä. 5260. nam is iungaron

tho, erlos gode 5970 — than scalt thu than thin hort n. 3284.
ant-faban = empfangen, aufnehmen, hinnehmen: 1) c. acc. pers: that barn 446. ina 477. 2951. 3674. 5195. 5489. mancunnes manag 1242. iu 1947. 1958. 4440. uualdand god . . fader iuuuan 1960. sia . . so huena so 2269. that folcscipi 4242. uualdandes barn sundialosan 5143. hie sia 5619. antfeng ina mid is fathmon, so man is frohon scal liobhes lichamon 5734 — 2) c. acc: rei: it (die ehrengabe) mid iro handon san fagaro 676. that it (das opfer) im nuirdhig si te antfahanne 1466. so samo so that crud endi thie thorn that corn antfahat 2522. so thuo thie treulogo that muos antfeng 4621. ne uueldun it (das silber) thuo a. 5155 — antfieng that godes arunde gerno suitho 289. sia ni uueldun is gibodscipi a. ferahtlico 2666.

beran. 1) tragen: enan liflosan lichamon 2182: thena lefna lamon 2309. vgl. heritogo helmberandero 795. is uuapanberan 2779 — 2) richten: te gode iuuna briostgithahti 4661.

dragan = tragen: so hie thuo thena uuibrog drog 106. so sauun sia thar enn hreo d. 2180. ina . . te grabhe 2191. an is handon hluttres uuatares full fat 4537. druog man fiur an gimang, logna an liohtfaton 4812. dragan (sc. das kreuz) hietun sia usan drohtin 5510. druog it (das getränk) an enon langan scafte 5649. druog negilid sper hard an is handon 5704. druog ina (den leichnam) diurlico 5735 — 2) in sich tragen: sea so subro druog . . helagna gest, guodlicon gumon 335 — 3) bringen. Hier steht der acc. dem freiwilligen am nächsten: im tha gebha 637. scirana uuin 2008. that (den wunderwein) for thia heri forth 2014. lithlicora lith 2055. allaro litho lofsamost 2063. enna seocan man 2296. uuin an flet sciri 2739. it (die speise) sie undar themu gumscepie het d. endi delien 2856 M. forth d. te scauuonne thia scattos 3820. Judeon druogun enna silubrinna scath forth 3822. im uuater hluttar te handon 4503. ä. 5473: hluttran brunnion,

gi-dragan: ina for that barn godes 2309.
brengian = bringen: Nur persönliche accusative mit lokalem zusatz kommen in betracht: huilic sia arundi ute brahti 553. ina for ogun Cristes 2297. ina for that barn godes 2303. irminthiod all tesamne 2636. sia .. te im 3571. ina forth .. an thero thiedo thing 4173. ina Erodase .. hafton te handon 5262. ina .. thar 5269. ina eft an that hus innan 5303. sie .. an Bethania 5972. Von den sächlichen accusativen ist p. 20 gehandelt.
gi-brengian: liet ina .. g. .. uppan enon berage C, enan be:g M 1095. sia an thiodunelon upp 1239.
bi-felhan = hingeben: ina eft thera muoder 2205. mi an banono ginuald fiondon 4611. mi thik 5213. thi minemo inngron 5609. an thina hendi minon gest 5655.
gebhan = geben: 1) c. acc. pers: mik .. te uuegianne 5223. is drohtin te (uuid M) thiu 4490, ä. 4579. iuu thena man 4482. ina thi 5184. thar scolda man ena brud g., munelica magat 1996 — huo hie scoldi gigeban uuerthan .. an hand 5856 — 2) c. acc. rei: iuuan uuelon them mannon 1553 M. iro Johannes hobid 2775. gaf it (die speise) is iungron forth 2856, ä. 4635. thit (leib u. blut) ik an erthu scal g. endi giotan 4641. that besta lith erist 2050. minan liobhan lichamon 4762. for alla thesa thioda seola mina 3538. min ferah furi thik 4685. that (das silber) man im er uuidh is thiodne gaf 5149.
far-gebhan = geben: ina uualdande te them uuihe 452. ina tharod 456. it (Johannis haupt) thero thiornun 2783. so huat so gi im iuuaro uuelono fargabun 4413. so huat so gi .. godes fargabun an godes era 4409.
a-gebhan, af-gebhan. 1) hingeben: barno that betsta te banon handon suudilosian 5306. thena godes suno under fiondo folc 5133. thik mi 5214. thuo hie a. gisah is drohtin te dodhe 5146. a. unarth .. hettendion an hand 5487 — metmos thina te them godes altere

ageban M, gibhan C 1470 — that lif 740 — 2) ver-
lassen: thena so guodan 4775. so afgaf ina thuu go-
des craft 4622 — gardos, gadulingo gimang 577, thesa
uuerold 1330. thesa uuerold . . thesa gardos 4495. man-
no drom 3349. thit lioht 470. 471. 2148. 2618. 4006. 4756.
In dieser zweiten bedeutung bildet das verb den
übergang zu den folgenden, welche ich hier aufzähle, weil
ich sie sonst nicht einzustellen weiss.
for-latan ; verlassen. Hierher gehörige bei-
spiele sind p. 19 bereits angeführt; hier der rest: sia
303. 2720. ina 4626. mik 5636. liebhan herron 4774.
that barn godes 4933. iro aldan fader enna 1184. theodo
gimang, manno gimendon 862 — mago gisidli, liobh 3321.
uualdes hlea, enodeas ard 1124 thena uuih 514. all sa-
mod 1165. all samod gold endi silufar endi giba managa
1196. egan endi erbi all 3309. so siu iro uuiht ni forlet
godes an iro gardun 3775.

latan ; lassen: sie lietun im mera at hus uue-
lono giuunnan 3772 — helag athom liet fan themo lik-
hamen 2657.

far-lithan ; verlassen: er than thius thiustre
naht liudi farlithe 4669.

fliohan ; fliehen: gelero gelpquidi 2896.

for-lebhian ; übrig lassen: is ni nuas f. uuiht
2013 (kann vielleicht als freiw. acc. gefasst werden).

§ 53.

don ; thun. Nur die von einer lokalen bestim-
mung begleiteten accusative gehören hierher: endi it
(that hrencurni) an minon seli duoian 2569. duot sia an
sinsconi . . endi thia odhrun an helligrund 2600. that hie
is suerd dedi scarp an scethia 4883. dadun . . tuena far-
talda man an tua halbha Cristes an cruci 5561. deda it
(den trank) them barne godes mahtigon te muthe 5650.
segel upp dadun 2238. than uuerthat in antduan af-
ter thiu himilportun anthlidan 1799.

Anmerkung. Häufiger vertritt „duon" andere
mit dem acc. verbundene verba: so uuelda hie thuo sel-

bhan duon helandon Crist (betrügen) 1044. so samo so gi iuua magos duot (lieben) 1455. so Johannes duot is uuerod (lehrt beten) 1593. duo thina iungron so self (lehre sie beten) 1594. so duot sia (thea M) meginsundiun . . thia guodes lera (nimmt weg) 2509. nu ni gibis thu us scattes than mer thie thu them odhron duos 3439. neri us . . so thu ginnogia duos 3564. huand siu it mid sulicon uuilleon deda (gab) te theson godes huse 3777. so duot (scheidet) hie oc thia saligun an thia suidhrun half 4390. bedeldun sia iuuera diurtha, than dedun gi iuuuana drohtin so samo 4439. so ik theson odhron mannon hier duon (die füsse wasche) 4513. — Freiwillig ist der acc. 3064 ac deda (giuuisda) it thi uualdand selbho.

macon teforan = vorhängen: suinon iuua merigrioton 1721.

halon = holen: liudeo barn . . fan helliu an himilriki 4921. ni uualda sia im te brudi thuo h. im ti hiuuon 302. thia brod endi thia fiscos 2851.

gi-halon: uuidarsacon te helpu 3792. vgl. p. 24.

forian = führen, bringen, tragen: enan liflosan lamon 2181 M. thena helagan Crist 4926. helagna Crist . . thena folctogon 5265. thia thena lefna lamon lango fuordun 2308 — an that maria hus metmos 3761 — hietun sia Cristan thuo . . selbon f. (sc. das kreuz) 5508.

ledian = führen. 1) c. acc. pers.: that helage barn 708. that kind 774. erlos 1785. liudi 1777. gumono gisithi 3805. enn uuibh 3841. endi heri ledit cunni obhar odher 4321. thena helagun Crist 4926. uualdand Crist 5371. 5512. ina 770. 4074. 4822. 4942. 5123. 5298. liet ina thuo ledean thena liudscathon 1080. — ledit . . upp thia hluttrun thioda an . . 4450. ina forth 3351. sie ut 5971 — Verstärkt durch „tuo": im thia liudi 4816. mi so thesa liudi 4836. gi mi iuuuera liudi 4910. uurdhun thar giledit thuo 2224. — 2) c. acc. rei: thea gifa 654. uundan gold 554. faclun brinnandi an burg 4813. thi hier managa tuo ordos endi eggia, orlages uuord 3697.

a-ledian (antledian M) = fortführen: ina an Egypto land 704. ina an . . 755. ina thanan . . endi is dohter tua 4370.

lithon = bringen: sia (die fische) ti lande 2632. that sea . . lithuodin sea te laude = se conferre domum 682.

scedian = sondern: than scedit hie thia farduanun man . . an thia uuinistrun hand 4389.

hebbian = halten: hebbeat iuuan uuilleon tharod liudi iuuuan gilobhon 943. tharod iuuuan hugi fasto 1652. iuuuan muod under them so glauuuan tegegnes 1876.

huerbhan = wenden. Nur in passiver konstr.: thes uuibhes hugi an godes uuilleon 281. thero maget after thiu muod 2760. so managon man muod after Criste 4118.

gi-uuendian = eine bestimmte richtung geben. 1) mit angabe derselben: that sea te im habhdin g. hugi 692. thie hier all habhit g. an thena uueroldscatt uuilleon sinon, muodgithahti 3303 f. — 2) ohne solche: thuo uuarth eft thes mannes hugi g. 324. hugi uuarth thuo g. Symon Petruse 4515. uuarth im g. thuo hugi an herten 5470.

uuendian. 1) wenden: is uuord 2779. that uuord 5555.

Dagegen vielleicht freiwill. acc. 5559 u. 219 it, it giuuendian 2758; that 1039 — 2) Einer handlung eine andere als die vom subjekte beabsichtigte richtung geben, hindern: that he uuord godes uuendean biginna M, uuendan C 227.

sendian = senden. Einzelne fälle stehn dem freiw. acc. näher: herod helagna bodon, is suno 1041. im so marean uuarsagon 2215. iu helagna gest 4708. mi so managan engil 4888. — mi huarod 121. ina us 213. im is iungron tuo 242. is himilisc barn herod te uueroldi 246. iu so lamb under uuluos 1873. mi Lazarusan herod 3367. Lazaruse an liudeo drom selban 3389. an thesan middilgard is selbhes suno 3615. sia 3966. mi an thesaro (these M) uuerold 4095. iu tharod 4540. ina an that oder folc 5296. mi thesan haftan man 5314 — that hie uuari gisendid tharod 3187. is seola uuas g. an suothan uueg 5701.

settian = setzen: ina thie kesur tharod 62. satta sia suaslico 4500. thia scola after thero erthun 2848. it (das licht) an seli 1406 — hobhidband an uualdand Crist 5499.

gisettian: ina te them godes uuihe allas obhanuuardan uppan 1081. an Habrahames barm thes armon mannes seola 3353.

leggian = legen: ina an ena cribbiun 380. thena likhamon an graf 5724, ä. 5820. lik tesamne 4901. thena (den stein) sia obhar that hreo sauun thia liudi 1. 5792.
— Folgende fälle berühren sich wieder mit dem freiw. acc.: ina feteros an 3796. im huit giuuadi umbi is lithi 5292. an that tresuhus tuena erina scattos 3767. im ena buok an baram 232.

hebbian = heben: ina mid iro handon 2312. thena godes suno an thena galgon 5623. is hendi up 5973.

bi-hahan = aufhängen: huat under themo lacane uuas helages behangan 5668.

bi-senkian = versenken: is seola an thena suarton hell 3357.

latan = lassen: ina midi selun lietun an thena racod innan 2313. sum habhit all te thiu is muod gilatan 2517. ni habda uunnia than mer neuan ti them enigan, sunie all gilatan 2187.

thuru-slopian = durchschlüpfen lassen: othor mag man oluuendeon (ina olbundeon M) thuru nadlun gat th. 3299. — slopian = schlüpfen: slopi thi fan them simon 5585.

gi-hnegian = neigen: is hobid 5657.

bi-falliau = niederwerfen: ina ferna te bothme 2510.

uuerpan = werfen: thia faruuarahtan an uuallandi fiur 2602. ina so craftigna for (fan M) euon clibhe

2674. thar sia . . ina nithar uuerpan hogdun, fellian ti foldu 2683. that hie ina (das glied) fram uuerpe 1487. it (das unkraut) an bitar fiur 2572. that silobhar . . an thena alah innan 5161. that man an seo innan segina uuirpit, fisknett an fluod 2659. an thena seo innan angul 3202. ä. 3211 — that hie them uuibhe gidorste sten an uuerpan 3877.

thenian = ausbreiten: an bred uuatar netti 1155.

scaldan = stossen: it (das schiff) lande rumor 2383.

slahan = schlagen: slogun calt isarn, niuna naglos .. thuru is hendi endi thuru is fuoti, bittra bendi 5535.

scuddean = schütteln: it (den staub) fan inuon scuohon 1948.

§ 54.
b) wechseln, verkaufen, fortschaffen, fort nehmen.

uuehslon = wechseln: antthat hie . . uuerold nuehsloda 2708. herron 4627 C.

far-copan = verkaufen: thinan oduuelon allan . . diuria methmos 3285. mi 3525. 4577. 4806. 4836. thi 4606. that thar uuirthit mannes suno f. 4462.

dribhan = treiben: thia diubhlos thanan 2279. sia ut thanan 3740 — in fon is huldi fordref 1107.

for-suipan = fort treiben· Satanase 1108.

far-uuerpan = vertreiben: that hie thena friund fon im ferr faruuerpe 1497. uurthun an lethernn stedi, an thesan middilgard man f. 3600.

a-tiohan = herausziehen: is bill . . suerd be sidu 4820.

uuiodan = ausreisen: it (das unkraut) 2561.

af-hebbian = wegheben: hardan sten 4090.

gi-hueribhian = wegwälzen: thena grotan sten 5791. ina 5804.

ant-uuindan = los wickeln: that ginnadi 4103.

ant-bindan = los binden: an is giscuohe riemon 940.

ant-heftian = lösen: uuas fercal manag anthef tid fan helderon 5773.

losian = lösen, weg nehmen: thena lidh af is lichamon 1488. ogun af is lichamen 1529. that crud thanan 2559. af thesaro uuidun uuerold uuretha sundea, mancunnies men 1132. sundia losda, gumono grimuuerc 2359.

a-losian = weg nehmen: lichamon Cristes fan themo crucie 5726. Johannes . . hobit alosit fan is lichamen 2776. huo thu thena (den balken) erist aloseas 1708.

loson = beseitigen: than is sau thiu lefhed l. 2110.

a-leskian = auslöschen: thena gilobon 2504. that sia thia (die sünde) aleskidin 4252.

halon = wegholen: it (das unkraut) 2560. 2573.

niman = weg nehmen: thena felis 4080. it (das gotteshaus) fiur 4282. ina (den leichnam) 5732. that uuiod 2571.

gi-niman: ina (den leichnam) 5924. ogun odhres mannes 1529.

bi-niman = rauben: that (sc. horth) ni mag iu enig fiond ben., neouuiht anuuendean 1648. ina iru uurth 2189. im is ginuadi 5496. im liof 5437. im thia ginuald 5447.

far-stelan = fort stehlen: it (den schatz) 1644 ina (den leichnam) 5751. 5885:

§ 55.

c) einschliessen, umgeben, bedecken, umfangen u. ä.

bi-hebbian = einschliessen: huo thu noh uuirdis bihadd heries craftu 3693 — al sulic odes so thius erda bihabat M, birid C 1099. so huat so thius uuerold behabet 5978.

bi-hlidan = einschliessen. bedecken: all that sea b. egun 41 — that iu hier bihlidan hoha bergos

5528. lag thar en felis biobhan hard sten bihlidan 4076. himil endi ertha, thiu nu b. standad 1425.

bi-hellian = verhüllen: uuas an hreubeddon b. 4101. an helithelme b. 5452. mid them uuas that hobid b. 5904.

umbi-huerbhan = umgeben: umbihuarf ina craft uuero 5270, folc 5490. — Häufiger steht es bei getrenntem „umbi" z. b. 2794. 3679. 3907. 4915. 5051. 5125.

umbi-uuindan = umwogen: uundun ina uthiun umbi, hoh strom umbi hring 2944.

bi-uuerpan = umgeben: thia seolithandinu naht neflu 2909. thia guodan man uulitigsconi 3146. habda ina thia smala thiod uuerodu b. 4226. thena neriendon Crist uuerodu 4857. ina thuo mid uuerodu 5114.

sittian = besetzen: nah sind hier gisetana burgi managa mid meginthiodon 2825. thiu (sc. burg) so thicco uuas . . mid sutharliudion gisetan 3035.

bi-sittean = belagern: thi (Jerusalem) mid folcon 3694.

of-sittean = besitzen: thesa mariun ertha . . that selbha riki 1305.

ardon = bewohnen: sia (die welt) 4454.

bi-thekkian = bedecken: ina erthu 4057.

obar-fahan = überdecken: habda it (das korn) thes uualdes hlea forana obarfangan 2410 C.

far-fahan = umhüllen: siu (die sonne) scado 5626.

bi-fahan = umfangen: (lioht godes) thia uuardos thar bifieng 362. thia hohun burgi suart logna 4367. iru egan barn araman 793. mid finistriu uuerthend b. 4312. uuarth egison b. 2216. mid suhteon 2988. frostu 4399 — huan uuari thu b. so 4403 — hreogiuuadi . . mid thiu uuas er thie lichamo fagaro b. 5902 — thuo all bifieng mid enu uuordu 40. than uuilleo ik it iu diopor nu furthor b. 1436. that nuarth thuo all mid uuordon godas fasto b. 48.

bi-hahan = behängen: thie ist b. all fagoron fratohon 4542.

obhar-saian = übersäen: it all mid durthu 2545.
strouuian = bestreuen: imo biforan stroidun (streidun M) thena uueg mit iro giuuadion 3675.
blandan = untermischen: uuas im iro hugi thiustri, baluuues (mit bosheit) gibl. 5287. uuas iro muodgithaht, sebho mid sorogon gibl. 5915.

Kap. V.

5. Verba sinnlicher bedeutung, meist mit dem nebenbegriff des gewaltsamen und auflösenden.

§ 56.

for-slitan = verschleissen: thiu (sc. netti) sia habhdun nahtes er f. 1178. uuirthit that giuuadi f 1645. thia forslitat iro uunnia hier 1349, ä. 3377.

slitan = schleissen: thena seli obhana 2313. is giuuadi slet, brac fur is brioston 5099.

brecan = brechen: thena meti 2854. uuin endi brod . . bethiu 4633.

snidhan = schneiden: im iro hertun an tue 746.

te-slahan = zerschlagen: it (das haus) 1820.

te-uuerpan. 1) zerstören: thena uuih godes 5074. all . . that hoha hus 5575. ne uuirthit (sc. das haus) teuuorpan thanan, tefellit (tefallen M) an them fluode 1822 — 2) verstreuen: so them salte the man . . uuido teuuirpit 1370.

te-cliobhan = zerklauben: im thiu kinni 3213.

ant-klemmian = aufreissen: thiu kinni 3204.

ant-lucan = öffnen: is mudh 1293. thia hlea (leia M) 4077. thena sten 4081. that uuarth . . a. is lichamo 5708.

opanan = öffnen. nur in passiver konstr.: ogun 1709. 3581. grabhu 5670.

scedan = scheiden. 1) durchfurchen: lietun hohhurnid scip sc. scirana (skir M) uuatar 2908 —

2) **abteilen**: hiet that gumono folc s c e r i a n endi sc. 2847.

te-delian = trennen: sia 511.

delian = teilen: giuuadi Cristes . . thes riken girobhi 5544. iuuan oduuelon undar thero thurftigan thiod 1540. it (die speise) 2856. het (den reichtum) armou mannon 3286.

fellian = fällen: uuallos hoha 3699. ni gi thes cornes te filo kitho auuerdiat, felliat under iuua fuoti 2563 — derbi thing 27. iro firindadi 1141. thena aldan euu 1421. thero furisagono uuord 1429.

spurnan = treten: ac it (das salz) firio barn fuotun spurnat 1372. it (das perlenhalsband) an horo 1722.

suiliuuan = wälzen: it (das halsband) an sande 1723 C.

bitan = beissen: thar sia iro torn manag tandon bitat 2143.

an-bitan=anbeissen, verzehren: that muos 4621. mer muoses 4565.

drincan = trinken: suotian brunnon C, suoties brunnan M 3914. ina (thena kelic) 4765. gibhu ik iu hier bethiu samad e t a n endi dr. 4639. huat gi . . sculin etan eftha drincan efta a n h e b b e a n 1664.

Kap. VI.

6. Verba, welche ein „zu dem machen" bezeichnen, was das im verb enthaltene adjektiv ausdrückt.

(Die accusative erinnern an die prädikativen.)

§ 57.

a) **besser, heil machen.**

betien = besser machen: iro baludadi 1364 M.

botian. 1) **ausbessern**: thiu netti 1173 — 2) **strafen**: im is briosthugi 5325 — 3) **büssen**: firinuuerc manag, iro selbharo sundea 876, ä. 1139. is sundia 3493. iro baludadi 1364 M. balospraca 3479.

gi-buotian. 1) **heilen**: suases mannes giseon 1710. ni maht thi selbhon uuiht balouues g. 5579. that ni mohta er uuerthan . . thiu blindi g. 3636 — 2) wieder gut machen: thia dadi 3498, that hie is mohti g. uuiht firinuuerco C, firinuuerk M 5006.

helean ∶ heilen: halta endi blinda 1213, ä. 1841. thia haltun man 2357. sia 2226, iro likhamon 2271. managa manno mendadi 1007.

gi-helean: seokan man 2328. ina 2097. 2299. sia 3550. suases mannes giseon 1710. thinan hungar 1097. thurst 1966 — In passiver konstr.: that barn 2152. siu 3028. 4902. lef so manag halt 3753. muod 3160. hugi 5892.

gi-stillian ∶ beruhigen: thuo uuarth bred uuater, stromos gistillid 2962.

b) fest, mutig, stark, hart machen.

fastnon ∶ fest machen: is folmos 4985. is hugi 4750. 4855 — In passiver konst. 3527. 4958. 5635. 5578.

festian: than uuirthit iuua . . gilobho gif, 4009. beldian ∶ mutig machen: is hugi 4790.

sterkian ∶ stärken: them heriscipie that herta 55, ä. 5049.

herdian ∶ stärken: is hugi . . herta 1049.

far-hardon ∶ verhärten: uuas im iro slithi hugi so farhardod 5679.

c) heiter, betrübt, verzagt, zweifelhaft machen.

blizzean (blidzean M) ∶ erheitern: liudeo menigi 2751.

gi-drobhian ∶ betrüben: tho uuard hugi Josepes, is mod gidrobhid M, giuuorrid C 295.

blodhian ∶ verzagt machen: than uurthi im iro muodsebho giblodhit 5890, ä. 5466. 5844.

tuiflian ∶ zweifeln machen: hugi tuiflida (tuiflode M), manno muodsebhon 5241. ni lat thu thi thinan hugi tuiflan (adjektiv?) 328. ni latat hugi tuiflean 948, ä. 1896. that sia im ni lietin iro hugi tuiflian 4703.

gi-tuiflian: iu mod 4662, ä. 4743. im is muod

3501. that uuerod is gituiflid 3004. huo thit riki uuas.. g. 5751.

d) **heilig, rein machen.**

helagon in der bedeutung segnen: sie alle 5973. uuin endi brod u u i h i d a bethiu, helgoda hebhancuning 4633.

uuihian = segnen: sie 5972. thena meti 2854. gi-uuihian: sia ti gode selbon uuordon giuuihat 1938. iu habit g. selbho fader 4394. thu scalt furi allon uuesan uuibhon g. 26!. giuuihid si thin namo 1602.

hrenon = reinigen: iro herta 1315 M.

rumian = säubern: that helaga hus 3750.

e) **geringer, leer und vollmachen.**

minson = verringern: iuuua mendadi 1631 — thuo uuarth thero Judeono hugi giminsod 3833.

a-larian = ausleeren: thiu scapu uuarun lithes alarit 2015.

fullian = füllen: sciries uuateres thiu fatu 2041. thes muotun sia uuerthan . . gif. 1309. ferahes gif. 4055. f. Rest.

irrean = stören: thena aldan euu 1421.

a-uuosteau = verwüsten: thesa uuiki 3699.

Kap. VII.

7. *Reflexiver accussativ*.

Die noch nicht behandelten fälle stelle ich hier zusammen.

§ 58.

belgan (sich anschwellen) zürnen: balg ina an is brioston 723. so huie so . . ina bilgid 1437. thuo balg ina se biscop 5098. ne balg ina niouuiht 5120.

uurethian = sich erzürnen: ne sculun us belgan uuiht, uur. uuidh iro giuuinne 4896. uurethida ina uuidh them uuerode 5099.

scridhan = schreiten: scrid thi (dat.?) te erthu hinan 1085.

lithon = sich begeben: sea te lande 648.

uuendian = sich wenden: ina than . . an

thia uuinistrun hand 4417. uuenda ina fan them uuerode 4491. 5201.

garuuian = bereiten: that sia sia geridin (gereuuidin M) te godes rikie 4248. hiet sia geruuean (garuuuian M) san 595. geruuida (geriuuide M) ina sniumo 776.

a-hebbian = sich erheben: ahabhid ino so hoho 5362.

be-gehan = sich vermessen: begihit ina so gruotes 5291.

bi-uuanian = sich zutrauen: thu thik biuuanis unisaro treuuono 4689.

gi-niudon (sich eifrig in etwas zeigen) sich einer sache erfreuen: thia forslitat iro uunnia hier, giniodot sea ginuogies 1350. thau thu thi g. muost himilo rikies 3275.

for-suerian = falsch schwören: ne forsuerie iua selbhon 1505.

far-uuercon = sich versündigen: mi so 5012.

uuermian = wärmen: geng (ginuet M) ina thuo uuermian 4967.

Kap. VIII.

8. Subjektslose verba.

Das gefühl der lust, des schmeizes, des wertes u. s. w. ergreift eine person.

§ 59.

lustean = gelüsten: that ina bigann . . muoses l. 1060. the sia hier frumono gilustid 1508.

langon = verlangen: langoda Judeon huau er . . 5372.

hreuuan = schmerzen: hrau ina (im M) . . that 5022.

gi-uuerthan = wert scheinen: thia gumon alla giuuarth, that sia ina gihoobin te herrosten 2882. that ina ni giuuerthot, that hie it . . dua 2448.

thurstian = dürsten: quat that ina thurstidi 5642.

DOPPELTER ACCUSATIV.

§ 60.

1. Die accusative stehn koordiniert.
Dieser fall tritt ein, wenn ein acc. der person und ein acc. der sache jeder für sich bei dem verb stehn und nun beide neben einander treten. der eine ist dann stets notwendig, der andere
a) qualitativ bestimmend.
lerian = lehren: uuolda spahuuord manag l. thia liudi 1288. lerat gi liudio barn langsamana rad, fruma forthuuardes 1850. lerda godes uuilleon gomon 2171. sia ira giloblion 2271. thia liudi langsamana rad 2700. vgl. 1596 duo (sc. leri) thina iungron so self.
b) quantitativ bestimmend.
z. b. dopta allan dag druhtfolc mikil, uuerod an uuatere 978. die übrigen fälle sind beim quantitativ bestimmenden und beim adverbialen acc. angeführt.

§ 61.

2. Die accusative stehn nicht koordiniert.

a) Accusativ des objekts und des prädikats.

Die accusative stehn in einem verhältnis, welches Hübschmann 194 folgendermassen definiert: „soll ein verbalbegriff nicht in seinem ganzen umfange, in seiner allgemeinheit sich auf ein objekt beziehen, so kann er durch einen substantiv- oder adjektivbegriff modificiert werden und nun in dieser modificierten bedeutung sich auf sein objekt erstrecken. und ist nun das modificierende substantiv oder adjectiv der art, dass es als eine apposition oder als prädikat zu dem andern substantiv treten kann, so entsteht der prädikative accusativ." dieser ist
aa) ein substantiv.
hetan = nennen: h. sculun thi firio barn sancte

Peter 3068. heton ina . . Oliuueti bi namen 4236. ina godes suno selbhan hetid 4845. vgl. 234 buat sia that helaga barn h. scoldin. that gi it hietin so, that kind than it quami 134.

Häufiger ist die passive konstr.. z. b. 18. 76. 120. 766. 1192 cet. hier steht natürlich doppelter nom., wie auch in der intransitiven bedeutung genannt werden, z. b. that hie Johannes hetan scoldi 218, vgl. 1461. 3624. Dass in den ersten beispielen wirklich prädikative accusative und nicht, wie Erdmann II s. 72 dies für Otfrid annimmt, ausserhalb der satzkonstruktion stehende nominative (vokative) vorliegen, halte ich nach dem sprachgebrauch des Hel. für wahrscheinlich, da das bei tellian 5103 stehende „iikean" unzweifelhaft accusativische form aufweist u. ebenso die umschreibung mit te vorkommt: huilican hie . . te thin t. uueldi, sculdigna te scathen 4591.

a-kiosan = erwählen, nur im passiv: thi thar. . lerand uuarun acoran 1833.

bb) ein adjektiv.

don: quat that hie ina thero sundiono sicoran dadi 5477. hie uuelda ina te furisten duan, herrost obhar is hinuiski 5030. duot im iro hugi tuitlian (inf. ?) 5186. ni duot gi that ti managon cuth 1631, ä. 5864. 5859. te hlud ne duo thu it 1555. vgl. 5637 thina helpa dedos fullisti so ferr.

gi-don: thena gideda . . quican after dodhe 2355. im iro ogun opana 3575. that sia ina . . dodan gidadin 5859. im cuth . . godes mannes forgang 2805. it . . cuth 3231. it . . mannon mari 995. that. . scin 1211. 2325.

gi-uuirkean: ina . . so alaiungan 161. ne suart ne huit enig harr 1512. ina . . helan 2108.

gi-frummian: uuarun im . . so forahta gifru- mida 5870.

gi-lesan: that man birilos gilas tuelifi fulla 2868. niman: thoh nam is mieda gihnie fulla 3512.

buggean: that siu simla thena bedscepi buggean scoldi fri mid iru ferahu 309.

haldan: that siu ina so helagna h. mosti M, helaglico C 448.

hebbiau: thie im er thia magat habda, thia idis andhetia 296. that siu iro barnes forth brucan muosti, hebbian sia (die tochter) hela 3012. formelhaft steht „garo hebbian": is uuord 273. 2023. 2324. 2831. 2998. 3440. 4608. 5206; glau anduurdi 930; iro uuehsal 3738.

latan: ni lat thu sia thi thiu lethrun 323. letun sia iu .. letha 4438. ina .. helan uuidar hettindeon 2281. thena seocan man sundeono tuomian 2319. sia lethes gihues, sundiono sicora 4208. sia quica 3848. 3857. thik .. quican 5346.

far-latan: that sia .. iro aldan fader enna farlietin 1184.

tellian: that hie ina (refl.) so rikean telidh 5103. the sie tho uuisostun .. taldun M) gitaldun C 4467.

uuitan: sithor hie ina (refl.) hlutteran uuet, sundiono sicoran 1719. uuissun ina so guodan endi gode uuerthan 2726. thar sia ina er biforan ubhilan ni uuissin, uuordon faruuarahtan 5185.

bi-fahan: that hie iuu slapandia .. ne bifahe .. menes fulla 4365 f.

findan: gisundan at hus magiungan man 2150. that barn gisund 2160. all so hie sprac uuordtecan uuar 4546.

sehan: that sia quican sauuin thena erl 4129. uualdan Crist gisundan 5942. opan euuig lioht 3653.

cc) ein participium.

1. participium praesentis:

latan: ni latat gi iuuuan hugi tuifleau, sebon suicandian 1896 f.

uuitan: that sia im uualdand tuo that frithubarn godes farandian uuissun 4023. thar hie uuissa that godes barn, hreo hangondi 5730.

bi-fahan: iuu slapandia 4356.

findan: sia slapandia 4797. vgl. 4771. fand sia .. slapan sorgondia.

gi-sehan: so libbeandi thena landes uuard 1013.
2. participium praeteriti:?
findan: fundun ina gifaranan 5700.
gi-sehan: huan gisah thi mann enig bithuungan 4405. nu maht thu sia sehan standan hier an sundion bifangan 3854.
hebbian: hebeban it (das korn) thar gihaldan 2570. sonst steht es häufig mit flektiertem part. 56. 294. 991. 1152. 1267. 1326. 1482. 1959. 2903. 2990. 3032. 3037. 3792. 4147. 5164. 5414. 5746. 5865.

§ 62.

b) Der zweite accusativ bildet eine appositionelle erklärung des ersten allein mit dem verb in beziehung stehenden, ohne dabei auch mit dem verb in engere verbindung zu treten. That hie thar gimanodi manno gihuilican thero hobhidscatto thia sia te them hobhe scoldin tinsi geldan = als abgabe zahlen 3188. thia dadi thia hie so dereuia gifrumida 3489. losda.. af sulicon suhteon so than allaro suarostun an firio barn flund biuurpun 1215. habdun .. filo .. gisald .. uuerthes uuider uuortion, so sia mahtun auuinnan mest = als das vorzüglichste 5786. thoh uui her te meti habdin garu im te gebanne, so uui mahtin fargeldan mest 2834. vgl. 1873 nu ik iu sendean scal .. so lamb under uuluos.

§ 63.

Häufig steht anstatt des zweiten accusativs eine präposition:
for: ef thu .. mi for frahon habhis 1103. habdun ina for uuarsagon 2727. habbi ina than for hethinon 3238. habdun ina for iro herren gie for hebancuning 3905. thu scalt ina furi suno hebbian 5116.
te: thie im er thia magat habda .. giboht im ti brudi 296. huat uuilliat gi Judheon thes adelian te duome 5104. thero uuordo .. thie (so M) hie thar adeldi te duome 3864. hie uuelda ina te furisten duan 5029. gideda .. uuater te nuine 2075. thie scal Heland te na-

man egan 266. thar findat sia meti te cope 2826. that is in te miedu fargebhan 1345. ni uualda sia im ti brudi halon im ti hiuuon 301. that thie guodo gumo Johannes te namon hebbian scoldi 134. that hie Heland te namen hebbean scoldi 443. hebbeat that te tegne 405. habdun im hebhancuning simla te gesithe 534, vgl. S34. 1028. 2171. thia hie im te iugron .. uuolda h. 1252. hebbie sia 'm te hinuon 2714. huat gi .. sculin .. an hebbean uueios te giuuadhe 1665. ä. 1856. that sia ina gi-hoobin te herrosten 2883. cos .. im Crist te herren 1199. Erodes uuas .. gicoran te kuninge 60. sithor ik sea mi te brudi gicos 147, vgl. 1186. 1260. 2884. 3310. thuo im that uuibh gi-nam thie cuning te quenu (quenun M) 2708. huat uuelliat gi mi sellian hier methmo te miedu 4481. huilican hie .. te thiu tellian uueldi sculdigna te scathen 4591. uuarahte it (das wasser), te nuine 2043.

§ 64.
Präpositionen mit dem accusativ.

an ҂ an, in, auf. aus dem accus. der richtung lassen hich alle gebrauchsarten leicht ableiten; es steht a) räumlich: cuman an thesan middilgard 51. so hues so gi .. an that himilriki hordes gisamnodh 1651. scribhan berethlico an buok 8. that sea an betera thing folc farfahan 1364. b) zeitlich: an thia selbhun tid 517. c) logisch: an b) eriunern fälle wie an thena thriddeon sith 1095, an a) die übrigen verwendungen, z. b. an uualdan Crist fasto gilobhean 1017. thie iu dopan scal an iuuas drohtines namon 889. an thinan fridu uuaron faran 483. ik binu an is gibodscepi (auf-hin) herod .. cuman 895. ni uuelleat fihu uuinnan erlos an unreht 1638. nu he an auu lerid 3931 M.

ant ҂ bis, nur mit temporalem acc., z. b. ant thena endi 3474. ant nuon dages 5631.

ano ҂ ohne. den acc., der im Hel. allein vorkommt, vermag ich mir nur aus dem der richtung zu erklären, so dass „thar uuas gumono gitald ano uuibh endi kind ..

fif thusundig" 2871 = „5000 bis auf die nicht mitgezählten frauen und kinder" ist.

bi, be. im Zend steht „aipi" in der bedeutung „über — hin" mit acc. (Hübschm. p. 106). so erklärt sich die temporale bedeutung 4580 f.: bi that hie thia murth gisihid . . than uuet hie. und ebenso leicht ergiebt sich bei verbis dicendi der sinn über, betreffs, z. b. 5892 that sia sulica lugina uuoldun ahebbian be than helagan drohtin.

for, furi = vor. a) von räumlicher richtung, z. b. 2298 uuoldun ina for ogun Cristes brengan for that barn godes. hieraus entwickelt sich b) die übertragene bedeutung für: for alla thesa thioda geban seola mina 3537. ik gibhu min ferah furi thik 4685 — so erklärt sich auch die häufige verbindung mit hebbian, vgl. s. 79.

obhar, ofer = über. a) lokal: the (den stein) sia o. that hreo sauuun . . leggian 5792. o. bord scipes stuopun 2690. suohta im thiod odhra o. bredan berg = jenseits 714. heri ledit cunm o. odher 4321. gifarun quamun o. langan uueg 3753. that sia o. Judeono folc ne sagdin thiu gisiuni 3165. thie habhit hier riki ofer us 5376. b) temporal: that nu o. tua naht sind tidi cumana 4458. c) in übertraguungen: so huat so is mer o. that man gifrummiat 1524. o. that (ausserdem) habhit hie oc himiles leoht 3024. gihorid o. hlust sprecan (mikil add. M.) thia godes lera = unter grosser aufmerksamkeit 2498. uuernie im o. uuilleon = gegen den willen 3017.

thuru = durch. a) lokal: quam lioht godes uuanom th. thiu uuolkan 392. aus der lokalen bedeutung fliesst b) die des mittels und der vermittlung: th. erlo hand, th. mannes gnuuerc mid megincraftu racod arihtid 4276. th. thes kesures thank . . riki habda 66 — hieraus ergiebt sich dann c) der causale sinn: duat iu lethes filo harmes th. iunaron herron 1342. th. sundeun uuarth . . fiuru bifallan 1952. endlich d) drückt der acc. wie bei lat. „per" die art und weise aus: hiet that gi it (das kind) . . tugin th. treuua 131.

undar ist nach Delbrück abl., loc., instr. p. 48 identisch mit „antar" = innerhalb zwischen; der acc. drückt also die richtung aus: ne quam ik u. thesa thioda herod 3533. im u. is ogun spiuuun 5494. that thar uuarth thie gest cuman .. u. thena hardon sten 5771. that sia u. bac felluu 4851.

unt = bis (temporal): unt aband 3464.

uppan = hinauf auf, ist ein durch „upp" verstärktes „an", der acc. also der des zieles: u. that hus stigun 2312.

umbi = um-herum. in stellen wie: u. thena altari gieng 107 oder 5293 huit giuuadi u. is lithi leggian bereitet die erklärung des acc. keine schwierigkeiten; auffälliger ist er bei verben, welche einen zustand der ruhe bezeichnen, wo er vielleicht nur nach analogie der verba der bewegung gebraucht wird, z. b. so grimma .. so uuarau u. Galilealand 2664. uuerthat thesa stedi uuos tia u. Hierusalem 3702. satun u. that graf utan 5780. uuas im ser hugi, muod u. herte 3292 — Räumliche grundbedeutung finde ich auch 1994 „u. thria naht after thiu", wo der acc. die zahl annähernd angiebt, u. in den vielen fällen, wo umbi mit um, wegen, was anbetrifft übersetzt werden muss, z. b. bithiu ni thurbhun gi u. inua giuuadi sorgon 1684. fragoda u. huilica sia saca sprakin 5964. huand all an is giuueldi stet u. thesaro liudio lif endi oc u. thit land so samo 3757.

far-utar = ohne. den acc. vermag ich nur durch die annahme einer bedeutung „vorbei an" zu erklären: libdun im f. laster 81. that hie god enfald f. mancunnies uuiht magtig uuari 1058.

nuidar = gegen: antthat sia te thero stedi quamun uueros uu. uuolcan = bis zu 3118. aus dieser deutlich lokalen bedeutung ergeben sich die weiteren gebrauchsarten von selbst: so huie so ina .. uu. odherna .. bilgid 1438. liet ina than helan uuidar hettindeon 2281.

uuid steht ebenfalls zur bezeichnung von hilfe und schutz z. b. ina ginerida god uuid thes fluodes farm 4366, und dann vielfach bei verben des sprechens und verhandelns, der gesinnung und der handlung, z. b. geng . . uuidh thena heritogon mahlian, thingon uuidh thena thegan kesures 5722. hebbeat uuid erlo gihuena enualdan hugi 1885. ne balg ina niouuiht uuidh thes uuerodes giuuin 5121.